반야심경

"NEMURENAKUNARUHODO OMOSHIROI ZUKAI HANNYASHINGYO"

supervised by Yuko Miyasaka
Copyright © NIHONBUNGEISHA 2020

All rights reserved.
First published in Japan by NIHONBUNGEISHA Co., Ltd., Tokyo
This Korean edition is published by arrangement with NIHONBUNGEISHA Co., Ltd.,
Tokyo in care of Tuttle-Mori Agency, Inc., Tokyo, through, ERIC YANG AGENCY, Seoul.

이 책의 한국어판 저작권은 Eric Yang Agency를 통해
저작권자와 독점 계약한 ㈜알에이치코리아가 소유합니다.
저작권법에 의하여 한국 내에서 보호를 받는 저작물이므로 무단 전재 및 복제를 금합니다.

한 권으로 끝내는 인문 교양 시리즈

미야사카 유코우 감수 | 정보현 옮김

"나라는 틀이 존재하기에 괴로움이 생긴다"

근심과 걱정이 사라지는 마음공부
반야심경

"인간이 지닌 모든 괴로움에서 벗어나라"

마음을 얽어매는 그물이 사라지는 차원에 도달하는 방법, 지혜라는 완성에 도달한 뒤 더 높은 곳으로 향하는 길을 말한다

RHK
알에이치코리아

서 문

작은 대경전 '반야심경'

우리는 평소 다양한 이유로 기도한다. 기도가 꼭 종교와 관련된 것만은 아니며 우리 일상 곳곳에 스며 있다. 내일 날씨가 맑기를 바라며 기도하고, 몸 조심해서 다녀오라는 말로 누군가의 무사한 여행을 빌어준다. 또한 아픈 사람의 빠른 회복을 기원하며 마음을 전하기도 한다.

또 기도는 사람 사이에서 주고받는 말이 아니다. 비록 사람을 향해 전하는 말이라도 그 속에 담긴 마음은 인간을 넘어선 어떤 존재를 향한다. 초월적 존재에게 진심을 담아 전하는 말이기 때문에 기도는 언제나 진실하다. 사람과의 대화에는 때로 거짓이 섞이지만 진실한 기도는 거짓이 될 수 없기 때문이다.

이러한 기도의 말을 인도의 고대 언어인 산스크리트어로 '만트라'라고 부르며, 오늘날에는 '부처의 참된 말씀'을 뜻하는 '진언眞言'

이라고도 불린다.

반야심경般若心經은 이러한 기도의 말 즉, 만트라를 설한 경전이다. 반야심경의 문장을 하나하나 살펴보면 그 의미를 명확히 이해할 수 있다. 우리에게 친숙한 '색즉시공色卽是空'이라는 말에서처럼 반야심경에는 '공空'이라는 개념이 여러 차례 등장한다. 그래서 많은 해설서에서 반야심경을 "세상의 모든 것은 공허하다. 집착을 버려라"라는 교훈을 주는 경전으로 설명한다. 하지만 반야심경의 진정한 의미는 그보다 훨씬 깊고 심오하다.

반야심경은 종파를 초월해 누구에게나 친숙한 경전이다. 불교에는 모든 종파가 공통으로 사용하는 경전은 없지만 모든 승려가 알고 있는 경전은 반야심경이 유일할 것이다. 일반인들에게도 오랫동안 사랑받아 온 경전이라 1200년 전부터 수많은 연구서와 해설서가 쓰였고, 독송*과 사경**의 대상으로 꾸준히 선택되어 왔다. 이만한 인기와 사랑을 받는 불교 경전은 드물다.

그렇다면 반야심경의 매력은 무엇일까? 반야심경은 고작 262자에 불과한 짧은 경전임에도 방대한 내용을 품고 있어 '작은 대경전'이라 불린다. 언제든 독송하고 사경할 수 있을 만큼 친숙하

- * 불경이나 경전 등을 소리 내어 읽거나 암송하는 것. 주로 불교에서 경전을 읽고 외우며 수행하는 방식으로 사용된다.
- ** 경전을 손으로 직접 필사하는 것을 의미한다. 불교에서는 공덕을 쌓는 수행의 한 방법으로 여겨진다.

지만 그 이면에는 끝없이 깊은 세계가 숨어 있다. 이 경전의 매력은 바로 그 반전, 친숙함 속에서 펼쳐지는 심오함에 있는 것이 아닐까.

이 책에서는 가능한 한 원전에 충실하게 반야심경의 의미를 따라가며 그 매력을 풀어보고자 한다. 독자들이 반야심경과 더욱 가까워질 수 있는 계기가 되길 바란다.

목차

서문 작은 대경전 '반야심경' 4

1장
반야심경의 역사

'반야심般若心'을 설한 경전 14
부처를 낳는 불모佛母 17
삼장법사 현장의 한역 20
후대에 계승된 현장의 반야심경 23
262자로 이루어진 작은 대경전 26
대본의 존재와 시대적 배경 알아두기 29
반야심경과 친해지기 32
반야심경은 무엇을 말하고 있는가 35

2장
반야심경의 가르침

경전의 제목 불설마하반야바라밀다심경　40
부처의 말씀이지만 화자는 관자재보살 관자재보살　43
관자재보살이 깊은 수행을 하던 중에 일어난 일 행심반야바라밀다시　46
내 몸은 오온이며 모두 공하다는 것을 깨닫다 조견오온개공　49
인간이 가진 모든 괴로움에서 벗어나다 도일체고액　52
사리자를 부르며 질문에 대답하다 사리자　55
'모든 물질은 공하다'란 어떤 의미인가 색불이공　58
반야심경의 '공'은 공성을 뜻한다 공불이색　61
불교가 내세운 가장 독특한 개념인 '공' 색즉시공　64
각 층에서 보이는 다른 풍경 공즉시색　67
정신세계의 요소도 모두 마찬가지다 수상행식 역부여시　70
존재하는 모든 것과 그 관계 또한 공이다 사리자 시제법공상　73
사전적인 해석은 오해의 소지가 있다 불생불멸　76
당연하다는 게 없어지는 세상이란 불구부정　79
위대한 메시지를 내 것으로 받아들이자 부증불감　82
끊임없이 등장하는 '무'가 의미하는 것 시고 공중무색　85

한층 깊은 지혜로 설명되는 비전 무수상행식 88

육근이라 불리는 여섯 가지 감각이 없다 무안이비설신의 91

육경이라 불리는 여섯 가지 대상도 없다 무색성향미촉법 94

육식을 포함하는 십팔계에 이르는 모든 것이 없다 무안계 내지무의식계 97

무지나 번뇌는 없으며 그것들의 소멸도 없다 무무명 역무무명진 100

십이연기에서 말하는 것은 모두 없다 내지 무노사 103

원인이 다하고 결과가 다하는 일도 없다 역무노사진 106

괴로움으로부터 해방시켜주는 사제의 가르침 무고집멸도 109

모든 것은 명상의 과정이자 마음의 문제 무지역무득 112

방법론을 논하는 후반부로 돌입하다 이무소득고 115

반야바라밀다는 보살들의 구호 보리살타 118

반야바라밀다 없이는 성과를 얻을 수 없다 의반야바라밀다고 121

마음에 아무런 방해나 걸림이 없다 심무가애 124

공포가 존재하지 않는 차원이 있다 무가애고 무유공포 127

착각을 멀리하고 초월하다 원리일체전도몽상 130

부처가 가신 열반은 어떤 곳인가 구경열반 133

어느 시대에나 부처는 태어날 수 있다 삼세제불 136

제불이 깨달음을 얻은 까닭 의반야바라밀다고 139

더할 나위 없는 완전한 깨달음 득아뇩다라삼먁삼보리 142

강한 어조로 알아야 한다고 호소하다 고지반야바라밀 145

네 가지 만트라의 이름을 나열하다 시대신주　148

이름이 단계적으로 강조되어 가다 시대명주　151

윗 단계로 올라가는 계단이 되어주는 만트라 시무상주　154

부처가 계신 옥상으로 향하는 마지막 계단 시무등등주　157

모든 괴로움에서 벗어나다 능제일체고　160

모순이 없으며 거짓됨이 없다 진실불허고　163

고대하던 강력한 만트라 설반야바라밀다주　166

드디어 제시되는 만트라 즉설주왈　169

가테의 의미는 가다인가 아제아제　172

반복되는 '아제'가 의미하는 것 바라아제 바라승아제　175

반야바라밀다의 어머니를 부르는 소리 모지사바하　175

부처가 꾸며낸 장대한 사상극 반야심경　181

부록
독송과 예절

반야심경 독송하기 186
반야심경 독송 시의 예절과 마음가짐 188

1장
반야심경의 역사

반야심경은 무엇인가
'반야심般若心'을 설한 경전

우선 반야심경이 어떤 경전인지 알아보자. 반야심경은 이름에서 알 수 있듯이 '반야심般若心'에 대해 설한 경전이다. 그렇다면 반야심이란 무엇일까?

'반야'는 '반야바라밀다般若波羅蜜多'의 줄임말로, 이는 산스크리트어 '프라즈냐 파라미타prajñā pāramitā'를 음역한 것이다. 음역어란 뜻을 번역하지 않고 소리만 한자로 옮겨 쓴 것으로, 영어 등 외국어를 발음대로 옮기는 외래어와 비슷한 개념이다. 한자로 표기했지만 본래의 뜻과는 상관이 없고 중요한 것은 그 소리다.

'반야' 즉, '프라즈냐'는 '지혜智慧'를 뜻한다. 여기서 말하는 지혜는 일반적인 것이 아닌, 부처의 근본적이고 초월적인 지혜를 의미한다. 그래서 일반적인 지혜知惠와 구별하기 위해 일본 학자들은 전통적으로 '지혜智慧'라고 표기해 왔고, 이 책에서도 이를 따르기로 한다. 참고로 '반야般若'는 단순히 소리를 옮겨 적은 것이므로, 일본 전통 가면극 노能에서 사용하는 가면인 '한냐般若'와 표기는 같지만 관계는 없다.

한편 '파라미타'는 완성을 의미한다. 따라서 반야바라밀다심般若波羅蜜多心은 지혜의 완성(더 정확하게는 '지혜라는 완성')을 뜻하는 마음心이라는 의미가 된다(40쪽 참조).

'반야般若'의 의미는?

반야
- = 한역(산스크리트어를 음역): 般若波羅蜜多
- = 한역 읽기: 반야바라밀다
- = 산스크리트어: 프라즈냐 파라미타
- = 산스크리트어의 의미: 지혜·완성
- '지혜의 완성'이라는 의미

가면 '한냐'와는 관계 없다

관자재보살
행심반야바라밀다시
조견오온개공
도일체고액

반야심경

반야심경은 기도의 말이자 여존

부처를 낳는
불모 佛母

　반야심의 '심心'은 만트라를 의미한다. 서문에서 언급했듯이 만트라는 기도의 말을 뜻하며, 오늘날에는 진언으로 번역된다. 반야심경은 반야바라밀다의 만트라 즉, 진언을 설하는 경전이라 할 수 있다(심心에 대해서는 2장에서 다시 설명한다).

　여기에는 또 다른 의미가 담겨 있다. 프라즈냐 파라미타는 여성 명사로, 고결한 여성을 뜻하는 여존 그리고 불모佛母(보살) 즉, 부처를 낳는 어머니를 가리키기도 한다. 반야바라밀다가 불모를 의미하는 여존이라는 사실이 다소 의아하게 느껴질 수 있지만 인도에서는 바람, 비, 천둥과 같은 자연 현상부터 말, 시간, 법칙과 같은 추상적인 요소들까지 모두 신격화해 공경의 대상으로 여겨 왔다는 점을 생각해보면 크게 이상한 일도 아니다.

　뒤에서 언급하겠지만 현재 가장 널리 알려진 것은 현장玄奘이 번역한 반야심경이다. 후대에 번역된 반야심경 중에서는 제목을 『불설성불모반야바라밀다경佛說聖佛母般若波羅蜜多經』이라 하여 반야바라밀다가 '불모'임을 명확히 밝힌 경우도 있다. 또한 티베트의 반야심경 역시 제목에 '여존'과 '불모'라는 말이 포함되어 있으며, 이는 반야바라밀다의 지혜를 통해 부처가 탄생한다는 의미를 담고 있다.

반야보살(반야불모)인 여존

◀ 프라즈냐 파라미타를 상징하는 보살로 반야보살(혹은 반야불모)이 만들어졌다. 여성스러운 모습으로 표현되어 있다.

▲ 일본 밀교풍 반야보살.
대반야법회 시에 본존으로 모신다.

◀ 티베트풍 반야보살.
확실히 여성스럽게 표현되어 있다.

반야심경이 전래된 과정
삼장법사 현장의 한역

반야심경은 당나라의 승려 삼장법사三藏法師 현장이 인도에서 원전을 가져와 한역한 경전이다. 현장은 명나라 시대의 소설 『서유기西遊記』의 등장인물로도 잘 알려져 있다. 『서유기』는 픽션이 가미된 소설이지만 현장은 실존 인물이다.

　삼장법사란 경장經藏, 율장律藏, 논장論藏 등 세 가지로 나뉘는 불교 경전에 두루 통달한 승려를 뜻하는데, 후에는 역경승譯經僧(경전을 번역하는 승려)을 지칭하게 되었다. 삼장법사는 그러한 역할을 하는 승려의 존칭일 뿐 특정 인물의 이름이 아니다. 하지만 가장 유명한 삼장법사가 현장이기 때문에 일반적으로 삼장법사라고 하면 현장을 떠올리는 경우가 많다.

　현장은 하남성 낙양에서 태어나 인도에서 불교를 공부하기 위해 서기 627년에 국법을 어기고 구도의 길에 올랐다. 당시 당나라는 승려의 신분으로 국경을 넘으려면 따로 허가를 받아야 했는데, 이를 어기고 몰래 인도로 향한 것이다. 그는 목숨을 걸고 사막을 건너 인도에 도착해 불도를 닦았다. 18년 후 방대한 불교 경전과 함께 귀국해 잠자는 시간까지 아껴가며 경전 번역과 학승 지도에 여생을 바쳤다. 현장이 들여온 경전 중에서도 600권에 달하는 『대반야경大般若經』은 특히 중요한 경전이다. 이 경전은 반야바라밀다의 중요성과 공덕을 설한 것으로, 기존의 막대한 양의 반야경전(群)을 모아놓은 것이다. 반야심경은 『대반야경』에 포함되어 있지는 않지만 『대반야경』에서 발췌된 부분이 많다.

현장의 출발에서 귀환까지의 여정

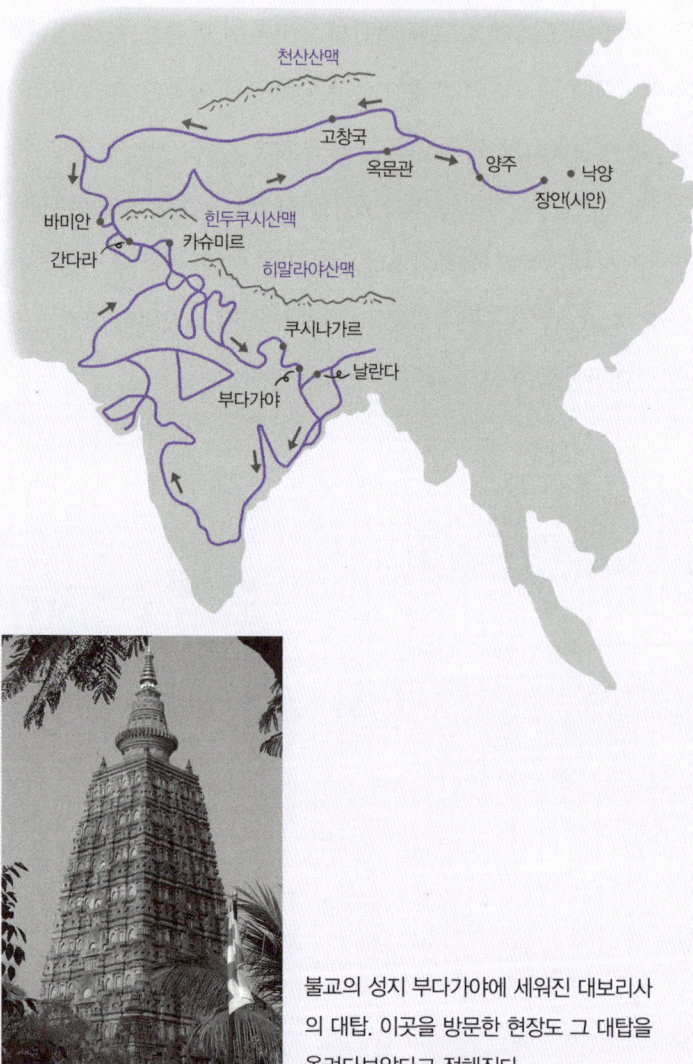

불교의 성지 부다가야에 세워진 대보리사의 대탑. 이곳을 방문한 현장도 그 대탑을 올려다보았다고 전해진다.

경전 600권의 정수를 응축하다
후대에 계승된 현장의 반야심경

  엄밀히 말하면 최초로 반야심경을 한역한 사람은 현장이 아니다. 현장보다 약 250년 앞서 후진의 구마라집鳩摩羅什이 『마하반야바라밀대명주경摩訶般若波羅蜜大明呪經』이라는 제목으로 한역했다고 전해진다. 그보다 200년 전에는 오나라의 역경가譯經家 지겸志謙이 한역한 사례도 있는데, 『마하반야바라밀대명주경』이라는 제목만 전해져 내려오고 있다. 이러한 점들을 보면 반야심경의 원형은 3세기경 인도에서 이미 완성된 것으로 보인다.

  현장 이후에도 다섯 종류의 한역본이 나왔으나 일반적으로 반야심경이라고 하면 현장이 번역한 것을 가리킨다. 중국에서도 예로부터 반야심경에 대한 연구와 해설이 활발히 이루어졌으며, 대부분 현장의 한역본을 기준으로 삼고 있다. 그만큼 현장의 한역은 중요한 의미를 지니며 대중에게도 친숙하게 자리 잡았다.

반야심경은 대부분 『대반야경』에서 발췌되었기 때문에 『대반야경』의 정수를 응축한 경전으로 여겨진다. 현장은 600권에 달하는 『대반야경』을 일평생에 걸쳐 한역했다. 그렇기에 후대에도 오랫동안 계승되며 사람들의 마음을 사로잡을 수 있었던 것이 아닐까.

한편 현장은 구마라집의 번역을 존중하는 번역 방식을 보여주기도 했다. 서역으로 향하는 길에 현장이 반야심경을 자주 읊었음을 짐작케 하는 자료들이 있는 것을 보면, 현장에게 반야심경은 여러 의미로 특별한 경전이었다는 것을 알 수 있다.

지금도 남아 있는 현장의 유산

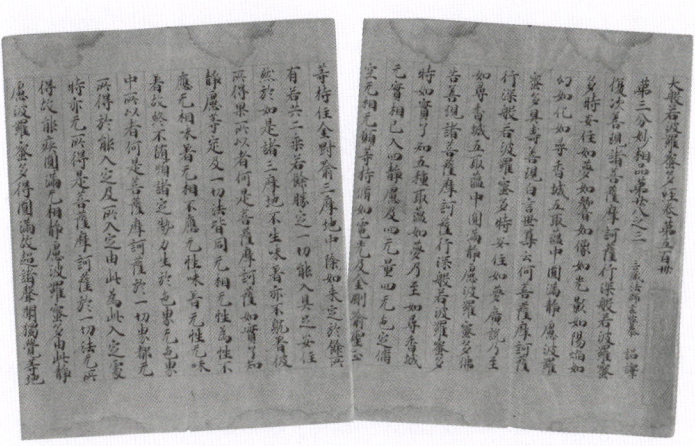

『대반야경』은 불교의 가르침을 모아놓은 경전으로 총 600권에 이른다.

중국 시안에 위치한 대안탑大雁塔. 현장이 인도에서 가져온 경전과 불상 등이 보관된 장소다.

대안탑 근처에 세워진 삼장법사 현장의 동상.

일본에 전래되어 서민들에게도 친숙해지다

262자로 이루어진
작은 대경전

　반야심경이 일본에 전래된 시기는 정확히 밝혀지지 않았지만 당나라로 건너가 현장에게 가르침을 받고 660년에 일본으로 귀국한 법상종法相宗의 승려 도쇼道昭가 들여왔을 가능성이 크다고 알려져 있다. 그 후 일본에서도 반야심경에 대한 연구가 활발히 이루어지기 시작했다. 에도 시대에는 글을 모르는 서민들도 반야심경을 독송할 수 있도록 에신교繪心經라는 것이 만들어졌다. 에신교는 그림으로 표현된 반야심경이라는 뜻이다. 예를 들어 일본어로 '카마'인 가마솥을 거꾸로 그려 넣어 '마카(마하摩訶)'라고 읽게 하는 등 그림으로 법문을 읽을 수 있도록 표기했다. 서민들의 재치 있는 센스, 그리고 어떻게든 부처의 소중한 가르침을 접하고자 했던 마음이 전해진다.
　사실 일본에 전파된 반야심경은 현장의 번역을 기본으로 하면서도 일부가 다른 유포본流布本이었다. 유포본에는 현장의 번역에 없는 '일체一切'라는 말이 들어가 있다. 이 때문에 현장의 번역본이 260자였던 것에 비해 유포본은 2자가 더 많은 262자(본문 기준)가 된 것이다.

또한 마지막의 '아제아제揭諦揭諦…' 구절 역시 현장의 번역은 '아제아제揭帝揭帝 바라아제波羅揭帝…'지만 유포본에서는 '아제羯諦'나 '바라般羅' 등의 다양한 표기가 혼재되어 있다(이 책은 진언종 지산파의 전통 표기를 따랐다). 다양한 유포본이 존재한다는 건 그만큼 반야심경이 작은 대경전으로 널리 확산되어, 많은 사람에게 친숙한 경전으로 자리 잡았음을 보여주는 증거라고 하겠다.

현재 남아 있는 반야심경 번역본

유포본은 반야심경般若心經이라고 표기

유포본은 아제揭帝 대신 아제揭諦로 표기

유포본은 앞부분에 불설마하佛說摩訶가 들어감

현장 역본

般若波羅蜜多心経

唐三藏法師玄奘譯

観自在菩薩。行深般若波羅蜜多時。照見五蘊皆空。度一切苦厄。舍利子。色不異空。空不異色。色即是空。空即是色。受想行識亦復如是。舍利子。是諸法空相。不生不滅。不垢不浄。不増不減。是故空中無色。無受想行識。無眼耳鼻舌身意。無色声香味触法。無眼界。乃至無意識界。無無明。亦無無明尽。乃至無老死。亦無老死尽。無苦集滅道。無智亦無得。以無所得故。菩提薩埵。依般若波羅蜜多故。心無罣礙。無罣礙故。無有恐怖。遠離顛倒夢想。究竟涅槃。三世諸仏。依般若波羅蜜多故。得阿耨多羅三藐三菩提。真実不虚。故知般若波羅蜜多。咒。能除一切苦。真実不虚。故説般若波羅蜜多咒。即説咒曰。

揭帝揭帝　波羅揭帝　波羅僧揭帝

菩提薩婆訶

般若波羅蜜多心経

유포본에는 해당 행이 없음

유포본은 리離와 전顛 사이에 일체一切가 들어감

유포본은 사바하薩婆訶 (또는 僧婆訶)로 되어 있음

에도 시대 후기의 에신교는 수수께끼를 풀 듯이 재미있게 읽을 수 있도록 만들어졌다.

반야심경

반야심경 더 깊이 이해하기

대본의 존재와
시대적 배경 알아두기

반야심경은 전체가 기도문이라 할 수 있으므로 소리와 리듬에 몸을 맡기는 것도 중요하다. 하지만 그 의미를 더 정확히 알게 되면 감동이 더욱 깊어지며, 반야심경을 온전히 이해할 수 있을 것이다. 따라서 이 책에서는 산스크리트어(일부는 팔리어) 원전과 대조하며 그 의미를 해설했다.

또 반야심경에는 잘 알려지지 않았지만 대본大本이 존재한다. 일반적인 반야심경을 소본小本이라고 부른다. 대본은 더 많은 글자를 포함하고 있으며, 서론에 해당하는 상황 설명과 사후 상황 등이 기록되어 있다. 대본을 참고하면 반야심경을 더 깊이 있게 이해할 수 있기 때문에 그 내용도 일부 언급했다.

반야심경은 불교 역사에서 중요한 위치를 차지하는 경전이다. 자세한 내용은 2장에서 설명하겠지만 부처의 말씀으로 이루어진

불교 경전을 연구하고 출가자의 수행에만 활용했던 소승불교(부파불교, 상좌부불교 등)와는 달리, 대승불교는 모든 사람이 구원받아 부처가 될 수 있다고 가르친다. 반야심경은 바로 그 대승불교의 이념을 담고 있는 경전이다. 이러한 사전 지식을 알고 나면 반야심경에 대한 이해가 더욱 깊어질 것이다.

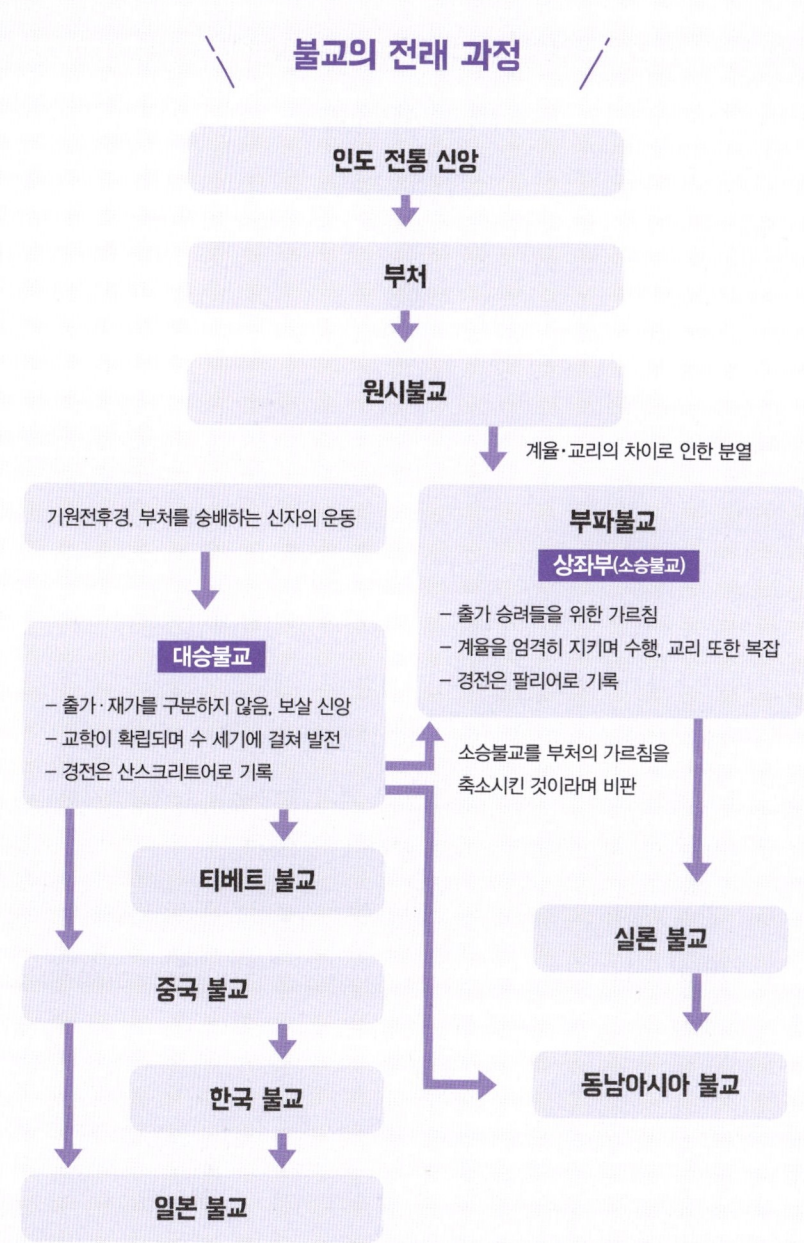

차분한 마음으로 독송과 사경하기
반야심경과 친해지기

반야심경과 친해지는 방법으로는 독송과 사경이 있다. 262자로 이루어진 짧은 경전이기 때문에 독송이나 사경이 부담스럽게 느껴지는 초보자에게도 적합하다. 그러면서도 새로운 감흥과 내면의 발견을 경험할 수 있다. 그만큼 반야심경은 짧고 친숙하지만 심오한 경전이다. 구체적인 독송 방법은 책의 말미에서 소개하겠지만 여기에서는 기본적인 주의 사항을 알아보자.

반야심경과 그 근간이 되는 반야경의 가르침은 특정 종파에 치우쳐 있지 않으므로 기본적으로는 종파에 구애받지 않고 독송할 수 있다.

단, 정토종淨土宗 및 정토진종淨土眞宗은 자력 구제를 지양하고 타력 신앙을 중시하므로, 반야심경 독송을 권장하지 않는다. 또한 일련종日蓮宗은 『법화경法華經』을 가장 중시하므로 반야심경을 독송하지 않는다. 따라서 이들 종파의 신도들에게는 반야심경 독송을 추천하지 않는다. 꼭 하고 싶다면 소리 내지 말고 마음속으로 조용히 읊는 것이 바람직하다.

독송할 때는 경전에 대한 경외심을 갖고, 시작 전에 손을 씻고 입을 헹구도록 한다. 집에서 독송할 때는 불단 앞에서 하는 것이 가장 좋지만 불단이 없다면 정갈한 장소에서 독송한다. 마음에 드는 불상의 사진을 앞에 두고 꽃이나 나무를 공양하는 것도 좋다. 사경 역시 독송과 마찬가지로 손과 입을 깨끗이 한 뒤 조용하고 깨끗한 곳에서 차분한 마음으로 해야 한다.

사경에 필요한 도구

❶ 경전 글씨본 ❷ 문진 ❸ 사경 용지 ❹ 연적
❺ 벼루 ❻ 먹과 묵상 ❼ 붓과 받침

반야심경

부정어 속에 숨은 중요한 의미
반야심경은 무엇을 말하고 있는가

반야심경을 처음 접하는 사람이나 그 의미를 잘 모르는 사람이어도 '공空', '무無', '불不'이라는 부정적인 단어들이 많다는 사실은 쉽게 알아차릴 수 있다. 이 때문에 반야심경이 부정적이고 비관적인 경전으로 느껴질 수도 있다. 자세한 의미는 2장에서 다루겠지만 1장을 마무리하면서 왜 반야심경에 이렇게 부정적인 단어들이 많은지 간단히 설명하고자 한다.

262자로 이루어진 짧은 반야심경에는 '무'가 21번, '불'이 9번, '공'이 7번 나온다. 이 부정어들은 무엇을 부정하는 것일까? 사실 이 부정의 대상은 불교의 기본 교리 전체다. 원래 부처의 말씀을 담은 경전이 불교의 가르침을 부정하는 일은 있을 수 없다. 그렇다면 그 의도는 무엇일까?

기본 교리는 멀리뛰기를 할 때 도움을 주는 구름판과 같다. 목표는 멀리 뛰는 것이고, 구름판은 그 도구일 뿐이다. 멀리 뛰려면 구름판을 반드시 넘어서야 한다. '구름판도 중요하지만 뛸 때는 그것을 넘어야 한다'는 사실을 부정어들이 알려주는 것이다. 즉, 반야심경에서 부정하는 대상은 사실 없어서는 안 될 요소들이다. 하지만 한 차원 더 높은 단계로 나아가기 위해서는 그것들을 초월해야 한다는 의미로 부정하는 것이다.

반야심경은 기도의 말(진언)을 설한 경전이다. 관자재보살이 진언을 설법하는 내용이며, 경전 전체가 기도의 말로 이루어져 있다. 반야심경의 진정한 의미는 '기도하라'다. 반야심경은 이것을 읊으면 어떤 수행 단계에 있든 더 높은 경지로 나아갈 수 있다는 점을 일깨워준다.

반야심경의 내용은…

부처의 말씀, 반야바라밀다의 마음(진언)을 설한 경전이다. 관자재보살(관세음보살, 관음보살)이 심오한 반야바라밀다의 수행을 실천하며, 오온이 모두 자성공임을 깨닫고 일체의 괴로움에서 벗어났다.

사리푸트라여, 색은 공과 다르지 않고, 공은 색과 다르지 않다. 색은 곧 공이요, 공은 곧 색이다. 수·상·행·식도 마찬가지다. 사리푸트라여, 이 세상에 존재하는 모든 것은 공성을 특징으로 하며, 생겨나지도 않고 멸하지도 않으며, 더럽지도 않고 깨끗하지도 않으며, 부족하지도 가득하지도 않다.

따라서 사리푸트라여, 공성에는 색도 없고, 수·상·행·식도 없으며, 안·이·비·설·신·의도 없다. 색·성·향·미·촉·법도 없다. 안계에서 의식계에 이르기까지 아무것도 없다. 무명도 없고, 무명의 멸함도 없다. 노사도 없고, 노사의 멸함도 없다. 고·집·멸·도도 없으며, 아는 일도 없고 득도 없다.

그러므로 보살은 반야바라밀다를 의지하여 마음에 걸림 없이 안주하며, 두려움이 없다. 완전히 개방된 경지에서 그 무엇도 집착하지 않고 해탈한다. 과거, 현재, 미래의 모든 부처들은 반야바라밀다를 의지하여 완전한 깨달음을 이루었다. 그러므로 알아야 한다. 반야바라밀다의 위대한 만트라는 모든 괴로움을 없애며, 그것은 진실하고 거짓이 없다.

반야바라밀다의 수행에서 읊는 만트라는 다음과 같다.

"가테 가테 파라가테 파라상가테 보디 스바하"

이상으로 반야바라밀다의 만트라를 설하며 마친다.

2장
반야심경의 가르침

경전의 제목

佛說摩訶般若波羅蜜多心經

읽는 법 불설마하반야바라밀다심경
의미 부처의 말씀, 반야바라밀다의 마음(진언)을 설한 경전

첫째 줄은 경전의 제목이다. 사실 산스크리트어 원전 첫머리에는 제목이 없다. 인도의 옛 서적은 제목을 첫머리에 달지 않고, 끝에 '이상으로 (…) 마침'이라는 문구로 마무리하는 방식이 일반적이었다. 예를 들어 반야심경 원전의 끝부분에는 '이상으로 반야바라밀다심 마침'이라고 되어 있는데, 이를 첫머리로 가져와 제목으로 삼았다. 유포본 중에는 '반야심경'이나 '심경'이라는 제목을 붙인 것도 있다.

❖ '심'은 만트라(진언)를 의미

진언종에서는 첫머리에 '불설마하'를 붙이는 관습이 있다. '불설'은 부처의 가르침, '마하'는 크다는 뜻으로, '(위대한) 반야바라밀다심'과 같이 반야바라밀다심의 위대함을 강조하기 위해 덧붙인 말이다. '반야'는 지혜, '바라밀다'는 완성을 의미하므로 '지혜가 완성된 마음'으로 번역할 수 있다. 여기서 음역어를 사용한 이유는 '반야바라밀다'를 고유명사로 보기 때문이다. 따라서 있는 그대로 '반야바라밀다라는 심'으로 풀이한다.

여기서 '심'은 '심주心呪'를 의미한다. '주呪'는 본문 후반부에도 등장하는데, 일반적으로 저주詛呪와 관련된 의미를 떠올리기 쉽지만 반야심경에서는 '만트라'를 한역한 것이다. 만트라는 현재는 진언으로 번역되지만 현장 시대에는 아직 번역어가 확립되지 않아 '주' 또는 '심주'라는 단어를 사용했다.

따라서 결론만 말하자면, 반야심경 제목의 의미는 '반야바라밀다의 만트라(진언)를 설한 경전'이라는 뜻이다.

* 반야심경 전문은 마지막(186~187쪽)에 실어 두었으니 대조하며 읽어보길 바란다.

염주는 만트라 수행에서 탄생한 도구

고대 불교 유적인 아잔타 석굴군의 벽화. 염주를 사용해 만트라를 읊은 횟수를 세는 보살이 그려져 있다.

부처의 말씀이지만
화자는 관자재보살

觀自在菩薩

(읽는 법) 관자재보살

(의미) 관자재보살(관세음보살, 관음보살)이…

　경전을 어렵다고 생각하기 쉽지만 사실 모든 경전은 하나의 단막극과도 같다. 반야심경도 마찬가지다. 단, 드라마의 배경이나 설정에 대한 설명 없이 바로 핵심부터 시작한다는 점이 다르다. 이 때문에 짧은 글자 수로도 심오한 내용을 담아낼 수 있는 것이다. 진정한 의미를 이해하기 위해서는 전제 즉, 배경을 알아두는 것이 좋다.

❖ 반야심경에는 생략된 앞 단락이 있다

현장이 번역한 반야심경은 '소본'이라 불리는 핵심 부분만 추려낸 경전이다. 앞뒤 단락이 포함된 '대본'도 존재한다. 대본의 첫머리에는 부처께서 영취산 정상에 자리하시고, 청중이 설법을 기다리지만 부처는 명상에 잠겨 말씀을 하지 않는 장면이 묘사되어 있다.

관자재보살이 부처의 명상에 감응하듯 명상을 시작한 그 순간부터 소본 반야심경이 시작된다. 관자재는 관세음觀世音, 관음觀音으로도 불리는데, 후자가 더 잘 알려져 있었음에도 불구하고 현장은 '관자재'라고 번역하여 일부러 이 이름을 사용했다.

불교 역사에서 가장 인기 있는 보살인 '관음보살'이 반야심경에서는 집에서 생활하며 수행하고 진리를 추구하는 사람인 '재가 구도자'로 나온다. 반야심경의 주된 화자는 관자재보살이지만 그 상황을 만들어낸 주체는 부처이므로 반야심경은 실질적으로 부처의 말씀을 설한 경전이다.

한편, 화자의 이름인 '관자재'는 보는 것觀이 자유자재하다自在는 뜻으로, 앞으로 전개될 내용과도 깊은 관련이 있으니 잘 기억해 두자.

대본에 전해지는 반야심경 앞 단락 내용

① 부처의 등장
"나는 이렇게 들었다. 어느 날 부처께서 여러 제자와 함께 영취산에 오르셔서 깊은 명상에 잠기셨다."

② 관자재보살의 등장
"관자재보살이라는 뛰어난 보살은 심오한 반야바라밀다의 수행을 실천하며, 오온이 모두 공하다는 사실을 깨달았다"

③ 사리자의 질문
"이에 장로인 사리자는 신통력을 사용해 관자재보살에게 물었다. '훌륭한 사람이 반야바라밀다의 수행을 하고자 한다면 어떻게 해야 합니까?'"

④ 관자재보살의 답변
"관자재보살은 사리자에게 답했다. '오온이 있고 그것들이 모두 공하다는 사실을 깨달아야 하네'"

관자재보살이 깊은 수행을
하던 중에 일어난 일

行深般若波羅蜜多時

읽는 법   행심반야바라밀다시
의미   반야바라밀다의 깊은 수행을 실천하던 때

　명상 중인 부처께 이끌리듯이 관자재보살은 깊은 반야바라밀다라는 수행에 들어갔다. '그 깊은 수행을 하던 때'라는 것이 이 구절의 의미다. 글자 그대로의 의미는 그 정도지만 이어지는 구절(조견照見, 분명히 꿰뚫어 보다)은 그 명상 중에 무슨 일이 일어났는지를 보여준다. 이 명상을 통해 관자재보살은 하나의 수행을 완성한 것이다.

❖ 탁 트인 높은 곳에 도달하다

관자재보살이 도달한 경지는 마치 높은 곳에서 탁 트인 풍경을 내려다보는 것과도 같다. '관자재' 즉, '보는 것이 자유롭다'는 이름의 뜻과 같은 경지에 도달한 것이다.

대본 반야심경에는 이 구절이 이어지며, 부처의 제자인 사리자가 "관자재보살께서 도달한 그 경지는 무엇입니까?"라고 묻는 장면이 나온다. 사리자는 부처의 10대 제자 중 한 명으로, 반야심경에서 관자재보살에게 질문하는 역할을 한다.

관자재보살이 도달한 경지는 어떤 경지일까? 이해하기 쉽게 4층 건물에 빗대어 설명해보겠다. 관자재보살은 4층에, 사리자는 3층에, 일반인은 2층에 있으며, 자아가 형성되지 않은 유아는 1층에 있다. 관자재보살이 4층에서 바라보는 풍경을 사리자와 다른 이들은 보지 못한다. 다음 구절에서 그에 대한 설명이 이어진다. 4층 건물의 비유는 나중에 다시 나오니 대략적으로만 기억해두길 바란다.

내 몸은 오온이며
모두 공하다는 것을 깨닫다

照見五蘊皆空

읽는 법   조견오온개공

의미   오온이 있으며 또한 이것이 자성공自性空임을 깨달았다

자아 탐구는 여러 종교와 철학의 근본적인 주제 중 하나다. 나는 누구인가? 이 질문은 자명해 보이지만 실상 매우 어려운 문제다. 자명해 보이는 이유는 평소 나 자신과 타인을 혼동하지 않기 때문이다. 그렇다면 나라는 존재의 근거는 무엇일까?

이 질문에 대한 답으로 불교에서는 '오온五蘊'을 제시한다. 온蘊은 '쌓이다', '심오하다'는 뜻을 지니며, 불교에서는 나라는 주체를 구성하는 다섯 가지 요소를 의미한다.

❖ 최상층에서 얻은 모든 것이 공하다는 비전

관자재보살은 자신을 나답게 만드는 것이 다섯 가지 즉, 육체와 감각, 이미지, 심층의식, 판단이라고 깨달았다. 이것이 바로 오온이며 반야심경에서는 각각 색色, 수受, 상想, 행行, 식識으로 불린다.

오온개공五蘊皆空을 직역하면 '오온은 모두 공하다'는 의미지만 원전에 따르면 '내 몸은 오온이다'를 먼저 깨닫고, 이어서 '그것들은 공하다'는 사실을 깨닫는다. 두 문장이 비슷하게 들리지만 사실 큰 차이가 있다.

앞서 말한 4층 건물에 비유하면 사리자가 머물고 있는 3층에서는 이미 '내 몸은 오온이다'라는 사실을 깨달은 상태. 하지만 한 층 더 높은 4층에 도달했을 때만이 '모든 것이 공하다'라는 비전을 얻을 수 있다.

나중에 다시 설명하겠지만 '공空'은 반야심경과 불교에서 매우 중요한 개념이다. 여기서는 일단 공이 단순히 공허함을 뜻하는 부정적 개념이 아니라, 한없이 긍정적이고 적극적인 개념임을 기억해두길 바란다.

자아란 무엇인지를 깨닫게 해주는 오온개공

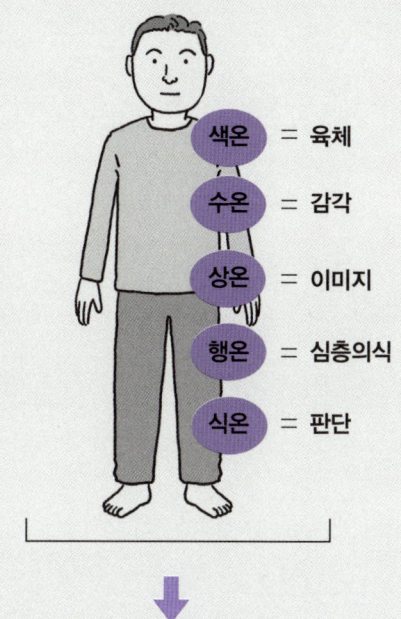

- 색온 = 육체
- 수온 = 감각
- 상온 = 이미지
- 행온 = 심층의식
- 식온 = 판단

⬇

이들은 모두 공하며 '나' 자체가 아니다

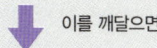 이를 깨달으면

'나'를 더 잘 관찰할 수 있다

관자재보살은 단순히 자아의 주체성을 부정한 것이 아니라, 자아를 바르게 바라보는 법을 가르친 것이다.

인간이 가진 모든
괴로움에서 벗어나다

度一切苦厄

_{읽는 법} 도일체고액
_{의미} 일체의 고액苦厄을 건너가셨다

'도일체고액'은 현존하는 산스크리트어 원전은 물론이고 현장보다 후대에 이루어진 한역에도 없는 구절이다. 현장보다 먼저 반야심경을 한역한 구마라집과 현장의 한역에만 등장한다.

아마 반야심경의 마지막에 나오는 '능제일체고能除一切苦'를 강조하기 위해 한역하는 과정에서 도일체고액을 덧붙인 듯하다. 그 의도대로 중요한 메시지가 잘 전달되는 구절이다.

❖ '괴로움=뜻대로 되지 않는 것'으로부터의 해방

모든 것은 변한다는 의미의 제행무상諸行無常과 어깨를 나란히 하는 불교의 근본 명제는 일체개고一切皆苦다. 여기서 말하는 '고苦'는 즐거움의 반대말인 괴로움이 아니라, 뜻대로 되지 않음을 의미한다.

태어나서 늙고 병들어 죽는 생로병사生老病死, 이 네 가지 근본적인 괴로움을 사고四苦라고 한다. 여기에 사랑하는 사람과 헤어지는 괴로움인 애별리고愛別離苦, 미워하는 사람과 만나는 괴로움인 원증회고怨憎會苦, 구해도 얻지 못하는 괴로움인 구부득고求不得苦, 인간은 다섯 가지 요소(오온五蘊)가 일시적으로 결합된 존재기 때문에 근본적으로 뜻대로 되지 않는 괴로움인 오취온고五取蘊苦를 더하면 팔고八苦가 된다.

관자재보살은 이 모든 일체의 괴로움을 건너가셨다고 다시 말해, 벗어나셨다고 한다.

"어떤 비전을 통해 그러한 일이 가능할까?"

"그렇게 하기 위해서는 어떻게 해야 할까?"

누구나 이러한 의문을 품게 된다. 대본 반야심경에서는 사리자가 대표로 이 질문을 한다. 그리고 다음 구절에서부터 관자재보살의 대답이 시작된다.

뜻대로 되지 않는 사고팔고 四苦八苦

팔고

사고

- **생고** 태어나 살아가는 괴로움
- **노고** 늙어가는 괴로움
- **병고** 병을 앓는 괴로움
- **사고** 죽음을 피할 수 없는 괴로움

《인간의 근본적인 괴로움》

- **애별리고** 사랑하는 사람과 이별하는 괴로움
- **원증회고** 미워하는 사람과 만나야 하는 괴로움
- **구부득고** 원하는 것을 얻지 못하는 괴로움
- **오취온고** 육체와 정신(오온)이 뜻대로 되지 않는 괴로움

《살면서 겪는 정신적인 괴로움》

반야심경

사리자를 부르며
질문에 대답하다

舍利子

(읽는 법) 사리자

(의미) 사리자여(사리푸트라여)

사리자는 산스크리트어로 사리푸트라라고 한다. '사리'라는 이름을 가진 어머니의 자식이라는 뜻이다. 부처의 10대 제자 중에서도 으뜸으로 꼽히며 지혜제일智慧第一이라 불리는 훌륭한 인물이다.

그러나 반야심경에서 사리자는 관자재보살의 가르침을 받는 입장으로 묘사된다. 이 설정에는 어떤 의미가 있을까?

❖ 반야심경에서 소승불교의 대표로 등장

불교는 인도의 전통적 철학에 대항하는 거대한 안티테제(이단)로서 탄생했다. 형태나 감각 등의 속성과는 별개로 자아가 존재한다고 믿는 전통 철학의 유아설有我說에 반해 불교는 자아는 오온으로 해체된다는 무아설無我說을 주장했다.

그러나 모든 것이 법法(다르마) 안에서 발생하며 실체가 없다고 보는 제법무아諸法無我의 가르침에 지나치게 몰두한 나머지, 법에 집착하는 사람들이 나타났다. 이들의 사상을 소승(小乘, 작은 수레)이라고 비판하며, 더 높은 경지에 도달한 것이 대승불교다. 이를 소리 높여 선언한 경전이 바로 반야심경이다.

사실 제법무아의 경지에 도달하는 것만으로도 위대한 성취다. 반야심경에서는 이를 성취한 사리자가 소승불교를 대표하는 인물로 등장한다. 앞서 언급한 건물 비유에서 3층에 있는 사리자에게 관자재보살이 "위에 한 층 더 있다네. 이러한 풍경이 보이지?" 하고 말을 건네는 것과 같다.

이는 현재를 살아가는 우리에게 주는 메시지기도 하다. 이를 관자재보살의 말을 통해 설명해보겠다.

부파불교(소승불교)와 대승불교의 차이

부파불교

부처의 입적 후 교단 내에서 파벌이 나뉘며 부파불교가 형성되었다. 각 종파는 서로에게 배타적인 자세를 취했고, 대승불교는 이러한 태도를 제멋대로 깨달음의 세계로 건너가려 하는 협소한 가르침이라며 비판했다.

작은 수레이므로 소승

대승불교

기원전 1세기경부터 재가 신자를 중심으로 새로운 불교 부흥 운동이 전개되었다. 출가하지 않아도 모든 사람이 구원받아야 한다고 주장했으며, 중생을 구제할 보살과 현세를 살아가기 위한 지혜를 설파했다.

큰 수레이므로 대승

'모든 물질은 공하다'란
어떤 의미인가

色不異空

읽는 법   색불이공

의미   색은 공과 다르지 않고

반야심경에서 관자재보살은 사리자를 세 번 부른다. 한역에서는 세 번째로 사리자를 부르는 구절이 생략되어 있으나 원전을 살펴보면 세 번 부른다. 그러므로 전하고자 하는 내용은 크게 세 부분으로 구성되어 있다고 볼 수 있다.

첫 번째 부분은 관자재보살이 깨달은 '오온개공'에 대한 설명이다. 오온이란 색色·수受·상想·행行·식識 이 다섯 가지를 말하는데 표현을 바꿔가며 이들이 모두 공하다는 점을 설명하고 있다.

❖ 애매모호한 표현으로는 진정한 의미를 보여주지 못한다

앞서 관자재보살은 내 몸이 오온임을 깨달았고, 이어서 그것들이 '공'하다는 점을 깨달았다고 설명했다. 여기서 말하는 '색'은 내 몸의 구성 요소로서의 (물질적인) 신체를 의미하지만 넓게는 물질계 전체를 가리키는 말이기도 하다.

우리가 눈으로 보고 만질 수 있는 모든 것을 '색'이라고 한다. 그리고 그 물질적인 모든 것은 '공'과 다르지 않다. 즉, '색=모든 물질=공'이라는 것이다.

보통 '공'은 '없는 것'이라고 생각하기 마련이다. 하지만 '모든 물질은 없다'라고 해석하면 도무지 이해가 되지 않는다. '물질은 있다고 생각하면 있고, 없다고 생각하면 없는 것이다'처럼 애매모호하게 해석하는 반야심경 해설서도 있지만 실제 의미는 이와 다르다.

이를 이해하기 위한 키워드가 바로 '공성空性'이다.

부처의 제자, 지혜제일 사리자의 생애

탄생
브라만 가문에서 태어남.

⬇

학문에 매진
어린 시절부터 학문에 뛰어나 사상가 산자야에게 배움을 받음.

⬇

불교와의 만남
아사지를 통해 부처의 가르침 일부를 듣고 즉시 깨달음을 얻음.

⬇

불교에 입문
제자 250명과 함께 부처의 제자로 귀의.

⬇

10대 제자가 되다
부처의 가르침을 이론화하는 작업 등에 힘쓰며 후계자로 거론됨.

⬇

죽음
병으로 쓰러져 부처보다 먼저 입적함.

반야심경의 '공'은 공성을 뜻한다

空不異色

읽는 법 공불이색

의미 공은 색과 다르지 않다

'공불이색'은 '색불이공'을 거꾸로 뒤집은 표현이다. 즉, '색(물질)'은 '공'과 다르지 않다(같다)고 한 후 '공'은 모든 물질과 다르지 않다(같다)고 다시 한 번 강조하는 구조다. 이 반복된 설명은 혼란스럽게 느껴질 수 있다.

그 이유는 '공'을 단순히 '없음'으로 이해하기 때문이다. 하지만 '공'은 '무無'와는 다르다.

❖ 공성은 '공간이 있음'을 의미

물이 담기지 않은 컵이 있다고 가정해보자. 이때 컵은 비어 있는 '공'의 상태고, 컵이 존재하지 않는 '무'와는 다르다. 이처럼 컵이 비어 있는 상태와 컵이 없는 상태는 구분된다.

이것이 '공'과 '무'의 차이다. 인도에서는 컵에 물이 없는 상태를 "컵에는 물의 '무'가 있다"고 표현한다. 컵에 물이 있으면 컵은 '물의 장소'고, 물이 없으면 컵은 "물의 '무'의 장소"다. 이 "무의 장소"가 바로 '공'이다.

컵이 비어 있는 상태를 '공성空性'이라 하며, 이를 '비어 있는 컵에는 공성이 있다'고 표현할 수 있다. 사실 반야심경에서 말하는 '공'은 정확히 말하자면 '공성'이다.

'공성'을 '공간이 있음'으로 이해하면 더 쉽다. '비어 있는 컵에는 공간이 있다'고 생각하면 이해하기가 수월할 것이다.

그렇다면 이 구절의 의미는 '물질계에는 공간이 있다'라는 뜻이 된다. 여전히 어렵게 느껴질 수 있지만 4층에서 관자재보살이 바라본 풍경을 떠올리며 다음 구절로 이어지는 이미지를 상상해보자.

공의 가르침을 설하는 반야경전

대승불교의 근본 사상인 공을 설한 경전이 반야경전이다. 그중에서 핵심만을 추린 것이 반야심경이다.

반야경전

기원전후로부터 약 600년 동안 성립된 『소품반야』, 『대품반야』, 『금강반야』, 『유수반야』, 『문수반야』, 『승천왕반야』, 『이취반야』 등의 경전들이 있다.

집대성
대반야경(대반야바라밀다경)

《한역으로 600권에 달함》

반야심경

《한역으로 262자》

음축

불교가 내세운
가장 독특한 개념인 '공'

色卽是空

읽는 법   색즉시공

의미   색은 즉 공이고

'색즉시공'은 매우 유명한 문구다. 불교에 관심이 없는 사람도 한 번쯤은 들어봤을 것이다. 훌륭한 표현이고 강렬한 인상을 주지만 반야심경 내에서 이 문구는 앞서 설명한 '오온개공'에 대한 부연 설명일 뿐이다. 게다가 그 의미도 앞에서 이미 말한 색불이공, 공불이색을 반복하여 '색'은 '공'이라고 강조하는 데 지나지 않는다.

그럼에도 불구하고 이렇게 반복하는 이유는 그만큼 '공'이라는 개념이 중요하기 때문이다. 이번에는 '공'에 대해 더 깊이 알아보자.

❖ 공간이 있어야 물을 담을 수 있으며, 둘은 불가분의 관계

인도의 종교 역사에서 불교가 내세운 가장 독특한 개념이 '공'이다. '공'이라는 말 자체는 원래 인도에서 자주 사용하던 단어였다. 인도인들은 이 개념에서 수학 역사상 가장 큰 발견 중 하나인 숫자 0을 도출해냈다. 인도 불교는 명상의 극치로서 '공'을 재발견한 것이다.

앞서 '공'은 '공성(비어 있는 성질)'을 의미하며, 이를 공간이라고 이해해도 좋다고 했다. 그렇다면 '색(모든 물질)=공간'은 무슨 의미일까?

다시 한번 62쪽의 컵을 떠올려보자. 컵에 '공성(공간)'이 없으면 물을 담을 수 없으므로 컵에서 물과 '공성'은 불가분의 관계다. 공성 없이는 물도 있을 수 없고, 물이 없다면 '공성' 또한 의미를 잃는다. 물질과 공성의 이 불가분의 관계를 잘 나타낸 표현이 바로 색즉시공이다.

물질계에 존재하는 공성

컵

텅 빈 컵에는 물이 없으므로 '물의 무無'가 존재한다. 즉, 공성이 있는 것이다.

＝

제로(0)≒공

컵이 없다

이것은 단순히 공한 것이 아니라, 아예 아무것도 존재하지 않는 무無다.

＝

제로(0)조차 아니다.

《컵에 물이 들어간다》

컵에 공성이 있기에 그 안에 물(물질)을 담을 수 있다.

＝ 색즉시공

반야심경

각 층에서 보이는
다른 풍경

空卽是色

읽는 법   공즉시색

의미   공은 즉 색이다

'공즉시색'은 '색즉시공'을 거꾸로 뒤집어 표현한 것이다. "컵에 공간이 없으면 그 안에 물은 존재할 수 없다. 반대로 물(또는 무언가)을 담지 않는다면 공간의 의미가 없다" 즉, 형체가 있는 모든 것은 공성(공간)과 불가분의 관계라고 말하는 것이다. 이 의미에 대해 조금 더 생각해보자.

❖ 자아에 대한 집착이 괴로움을 낳는다

반야심경은 건물로 비유하자면 가장 높은 층인 4층에 도달한 관자재보살이 그곳에서 바라본 풍경을 설하는 내용이라고 할 수 있다. 이 건물은 나 자신을 의미한다.

1층에는 아직 자아가 확립되지 않은 유아가 있다. 2층은 자아가 확립된 일반 성인이 있는 세속의 세계다. 3층에는 소승불교를 대표하는 사리자가 있다. 그리고 4층은 관자재보살이 도달한 대승불교의 층이다.

자아의 확립은 인간에게 매우 중요한 일이다. 하지만 이 때문에 2층에서는 자아에 대한 집착이 일어나고, 이것이 괴로움으로 이어진다. 3층은 자아가 오온에 불과하다는 사실을 깨닫고 이를 조망할 수 있는 층이다. 4층으로 올라가면 오온 또한 공(공성, 공간)에 불과하다는 사실을 조망할 수 있다. 잘 알려진 구절인 색즉시공을 포함한 이 대목은 그러한 내용을 알려주고 있다.

그렇다고 해서 1층, 2층, 3층에서 바라보는 풍경을 부정하거나 비판하는 것은 아니다. 건물의 아래층이 없으면 위층도 존재할 수 없다. 각 층의 풍경은 저마다 다르며, 한 층씩 올라가며 확인하는 수밖에 없다.

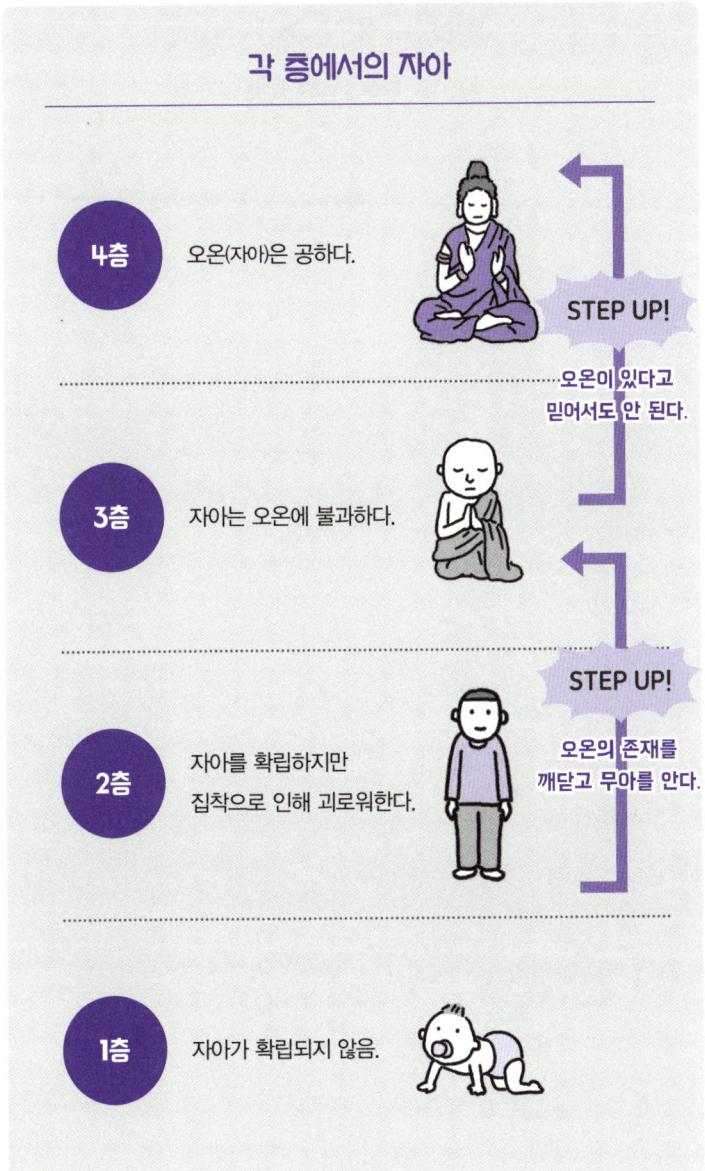

정신세계의 요소도
모두 마찬가지다

受想行識 亦復如是

읽는 법 수상행식 역부여시

의미 수·상·행·식 또한 그러하다

　색에 대한 설명은 수·상·행·식에도 마찬가지로 적용되는 내용이다. 하나씩 풀어서 쓰면 다음과 같다.

　수불이공 공불이수 수즉시공 공즉시수
　受不異空 空不異受 受即是空 空即是受
　상불이공 공불이상 상즉시공 공즉시상
　想不異空 空不異想 想即是空 空即是想

행불이공 공불이행 행즉시공 공즉시행
行不異空 空不異行 行即是空 空即是行
식불이공 공불이식 식즉시공 공즉시식
識不異空 空不異識 識即是空 空即是識

❖ 틀이 사라지는 것이 공의 진짜 의미

앞서 오온을 설명할 때 나 자신은 몸, 감각, 이미지, 심층의식, 판단 등의 다섯 가지 요소로 이루어져 있으며, 반야심경에서는 이를 색·수·상·행·식으로 표현한다고 했다. 그리고 색은 모든 물질을 의미한다고도 했다. 수·상·행·식 또한 자아의 정신적 요소와 더불어 정신세계 전체를 가리킨다.

눈에 보이는 것과 보이지 않는 것, 그 모든 것이 공성이라는 말이다. 그렇다고 해서 나 자신과 세상이 컵과 같은 그릇이고 그 속이 텅 비어 있다는 의미는 아니다. '오온개공'의 의미를 풀이할 때 나왔듯이, 원전에는 여기에 자성自性이라는 말이 들어가 있다. 자성은 '그 자체'라는 뜻이다.

즉, 투명한 컵처럼 그 경계마저 공성이 된 상태가 '오온개공'이다. 자신을 구성하는 다양한 요소가 비눗방울처럼 공간을 넓혀가며 부풀어 오르다 '팡!' 하고 터질 때를 생각해보라.

모든 틀은 사라지고 무한히 확장되어 간다. 이처럼 틀이 없다는 것이야말로 공의 진짜 의미다.

공의 진짜 의미는 개방적인 확장

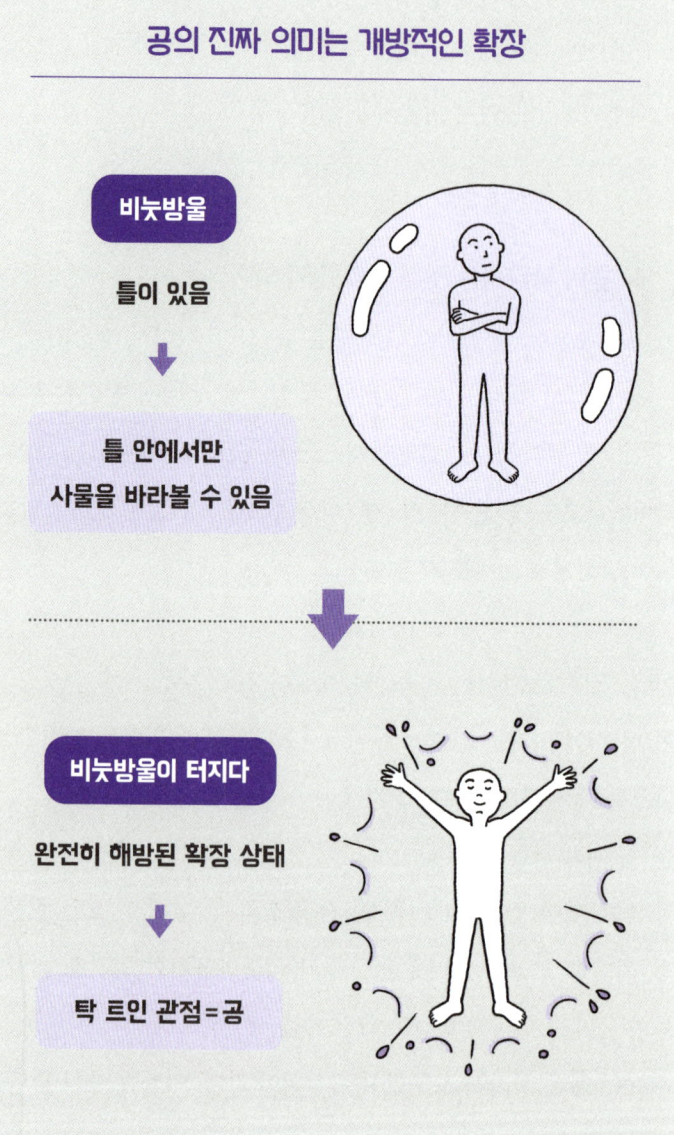

비눗방울

틀이 있음

↓

틀 안에서만 사물을 바라볼 수 있음

비눗방울이 터지다

완전히 해방된 확장 상태

↓

탁 트인 관점 = 공

존재하는 모든 것과
그 관계 또한 공이다

舍利子 是諸法空相

<u>읽는 법</u> 사리자 시제법공상

<u>의미</u> 사리푸트라여, (여기에) 존재하는 것은 모두 공성을 특징으로 하며

여기서부터 두 번째 부분이 시작된다. 이 구절에는 '제법'이라는 말이 등장한다. 앞서 첫 번째로 사리자를 부르는 부분에서도 잠시 언급했다. 법은 불교에서 매우 중요한 단어로, 반야심경에서도 중요한 열쇠가 되는 단어다.

❖ 폭넓은 의미를 지닌 법(다르마)이라는 단어

법은 산스크리트어로 '다르마'라고 한다. 다르마는 그 뜻이 다양한데 한역에서 가리키는 법칙, 규범 외에도 정의, 선, 가르침, 성품 등 폭넓은 의미를 지닌다. 본래 뜻은 '유지되는 것'이다. 인도 철학 용어로는 '존재하는 것'을 뜻하기도 한다. 정의, 선, 가르침, 성품 등은 유지되고 있기에 거기에 존재한다는 데서 파생된 뜻이다. 종합하면 제법의 근본적인 의미는 여러 가지 존재하는 것, 존재하는 것 모두다.

한편 '공상'은 공을 특징으로 한다는 뜻이다. 즉, 이 구절의 의미는 '존재하는 모든 것은 공을 특징으로 한다'가 되겠다.

불교에서 말하는 법은 부처의 성도(깨달음을 얻는 일)를 통해 밝혀진 사물의 관계라는 의미로도 사용된다. 그것을 설하는 것이 설법說法이다.

첫 번째로 사리자를 부르는 부분에서 언급한 제법에 대한 집착은 법에 집착하고 법이 실존한다고 보는 행위를 가리킨다. '제법은 공상'이라는 뜻의 이 구절은 그러한 사람들에게 건네는 말이기도 하다.

사전적인 해석은
오해의 소지가 있다

不生不滅

(읽는 법) 불생불멸

(의미) 생겨난 것도 아니고 사라진 것도 아니다

이제부터는 육불六不이 등장한다. 그 첫 번째가 '불생불멸'이다. 있는 그대로 해석하면 "생겨나지 않고 사라지지 않는다"는 뜻이다. 다시 말해, "태어나지도 않고 죽지도 않는다"는 의미다.

사전에서는 이를 '생겨나지도 않고 없어지지도 않으며 항상 그대로 변함없음'이라고 풀이하고 있다. 이러한 풀이에 따르면 불생불멸을 영원히 변하지 않는다는 의미로 해석할 수 있지만 반야심경에서 불생불멸이 의미하는 바는 그렇지 않다.

❖ 그저 광활한 풍경을 논할 뿐

일부 반야심경 해설서에서는 불생불멸을 '시작도 끝도 없다'는 뜻으로 해석해 '영원하고 변치 않는 것'으로 설명하기도 한다. 하지만 반야심경의 본래 의도를 고려할 때 이는 지나친 해석이다. 반야심경은 영원한 것이 없다고 보기 때문에 오히려 불생불멸은 그와는 반대의 의미를 담고 있다.

이를 다시 4층 건물에 비유해보자. 2층에서는 나와 세상 모든 것들이 태어나고 사라지는 것이 자연스러운 일이다. 3층에서는 자아가 해체되고 제법만 남아, 그 제법이 생겨나고 사라지기를 반복한다. 하지만 4층에서는 더 이상 생겨나거나 사라질 것이 없다. 비눗방울이 터지듯 사물의 틀이 사라졌기 때문이다.

이것이 불생불멸의 본질이다. 불생불멸은 영구하거나 영원하다는 이야기가 아니라, 단지 끝없이 펼쳐진 광활한 상태를 말하고 있을 뿐이다.

영원한 것은 없다는 제행무상의 가르침

불교의 근본 사상

제행무상

현세의 모든 사물은 여러 원인과 조건으로 인해 일시적으로 만들어진 것으로, 끊임없이 변화한다.

 변화

  변화

사람도 사물도 영원한 것은 없다!

반야심경

당연하다는 게
없어지는 세상이란

不垢不淨

읽는 법 불구부정

의미 더러워진 것이 아니고 더러움에서 멀어진 것도 아니다

다음 육불은 '불구부정'이다. 때가 묻어 더러워지는 일도 없지만 깨끗해지는 일도 없다는 뜻이다.

일반적인 상식으로는 있을 수 없는 일이다. 살다 보면 때가 묻기 마련이고 목욕을 하면 깨끗이 씻겨 나간다. 우리는 그러한 세상에 살고 있다. 그런데도 불생불멸과 마찬가지로 이와 같은 일은 일어나지 않는다고 관자재보살은 설하고 있다.

❖ 자기 자신에게도, 법에도 속박되지 않는 비전

앞서 여러 번 예시로 들었던 4층 건물은 사실 인도의 한 불전 부조浮彫에서 힌트를 얻어 고안했다. 이 부조는 부처의 탄생, 수행, 첫 설법, 입적의 과정을 4층 건물처럼 묘사한 작품으로, 사르나트 고고학박물관에서 볼 수 있다. 여기서 얻은 영감을 바탕으로, 이 4층 건물을 자아의 상징으로 삼았다.

세속을 상징하는 2층에서는 때가 묻고 깨끗해지는 일이 끊임없이 반복된다. 3층에 이르면 자아는 해체되지만 제법은 여전히 때가 묻고 정화되는 과정을 반복한다. 그런데 4층에 이르면 자아도 제법도 사라져 더는 때가 묻지도, 정화되지도 않는다. 이것이 '불구부정'의 진정한 의미다.

나라는 틀이 존재하기에 괴로움이 생긴다. 이 틀을 벗어났다고 해도 법에 집착하면 중요한 무언가를 놓치기 쉽다. 반야심경은 우리에게 시야를 넓히고, 더 높은 곳을 바라보라고 말하는 것이다.

사르나트 고고학박물관의 불전 부조

입적

첫 설법

수행

탄생

위대한 메시지를
내 것으로 받아들이자

不增不減

읽는 법) 부증불감

의미) 부족해지는 일도 없고 가득 차는 일도 없다.

　육불의 마지막인 '부증불감'은 더 늘지도 줄지도 않는다는 뜻이다(원전 순서는 불감부증이다). 이 구절을 돈의 증감에 비유해 "내가 가진 돈이 늘거나 줄어도 돈의 총량은 변하지 않는다"고 해석하는 해설서도 있다. 하지만 이는 2층 관점에서만 바라본 해석일 뿐이다. 지금까지 설명한 내용을 보면 부증불감은 관자재보살이 바라본 4층에서의 비전이다.

❖ 문제는 그곳에서 '어떻게 바라볼 것인가'다

반야심경은 여러 관점에서 해석된다. 예를 들어, "어떤 것에도 집착하지 말라"는 교훈을 끌어낼 수 있다. 대부분의 해설서도 이와 비슷한 관점을 제시하지만 이는 어디까지나 세속적인 2층에서의 이야기일 뿐이다.

"그 위에 3층, 4층이 있다네. 탁 트인 이곳으로 올라와보게"라는 말이 바로 반야심경이 전하고자 하는 진정한 메시지다.

두 번째로 사리자를 부르는 부분의 원문을 보면 '여기에'라는 표현이 있다. 이는 관자재보살이 있는 4층 즉, 더 높은 차원의 경지를 의미하는 것일 테다. 이 위대한 메시지를 받아들인다면 얼마나 좋겠는가.

4층에서는 2층과 3층에서 일어나는 생멸, 구정, 증감 모두가 불생불멸, 불구부정, 부증불감인 것이다. 단, 4층은 아래층을 포함한다. 자아와 제법도 소멸한 것이 아니라 여전히 그 자리에 남아 있다. 중요한 것은 그것을 어떻게 바라보느냐 즉, 관점과 비전의 문제다.

부처의 발자취가 서린 인도의 4대 성지

룸비니 《탄생의 땅》
막 태어난 부처의 목욕물로 사용한 연못이 남아 있다.

부다가야 《깨달음의 땅》
마하보디 사원(대보리사)이 세워져 있다.

사르나트 《첫 설법의 땅》
13세기경까지 번성했던 사원의 유적이 남아 있다.

쿠시나가르 《열반의 땅》
열반당이 세워져 있다.

끊임없이 등장하는 '무'가 의미하는 것

是故 空中無色

읽는 법) 시고 공중무색

의미) 따라서 (사리푸트라여) 공성에는 색이 없고

한역에서는 생략되었으나 이 구절에서 관자재보살이 세 번째로 사리자를 부른다. 즉, 여기부터가 사리자에게 설법할 세 번째 부분인 셈이다. 첫머리에는 '공 안에는 색이 없다'라고 적혀 있다. 여기서 '색'은 자신의 몸과 물질적인 모든 것을 의미한다고 했다. 언뜻 보면 '공간(텅 비어 있음)' 안에는 아무것도 없다는 뜻이므로 너무 당연해서 아무런 의미가 없는 말처럼 보이기도 한다. '공 안에는(空中)' 이란 무엇을 의미할까?

❖ 없는 것을 하나하나 손꼽아가며 설명

자아를 상징하는 건물 안에서도 관자재보살은 자신과 사물의 틀을 벗어나서 볼 수 있는 4층 세계에 있다. '공 안에는'은 관자재보살이 있는 '그 4층의 비전'을 뜻하는 것으로 이해할 수 있다. 즉, 첫 번째 부분에서 말한 색즉시공, 두 번째 부분에서 말한 제법공상을 더 깊이 파고들어 설명하려는 내용임을 알 수 있다.

어떻게 하면 더 깊이 파고들 수 있을까? 여기서는 그곳에 없는 것을 하나하나 열거하는 방식이 사용된다. 이 때문에 이후에 '무無'라는 글자가 연거푸 등장하게 된다.

262자밖에 되지 않는 반야심경에서 '무'가 21번이나 나오는데, 그 대부분이 '무엇이 없는가'를 나열하는 데 사용되었다. 그중 첫 번째는 '색(물질적인 모든 것)'이다. 그 밖에 또 무엇이 없는지를 살펴보겠다.

본문에 21번이나 등장하는 무無

'무'가 자주 등장해서 언뜻 보면 부정적인 경전처럼 보일 수도 있다. 하지만 공 사상을 제대로 설명하려면 반드시 필요한 표현이다.

佛說摩訶般若波羅蜜多心經
觀自在菩薩行深般若波羅蜜多時照見五
蘊皆空度一切苦厄舍利子色不異空空不
異色色即是空空即是色受想行識亦復如
是舍利子是諸法空相不生不滅不垢不淨
不增不減是故空中無色無受想行識無眼
耳鼻舌身意無色声香味触法無眼界乃至
無意識界無無明亦無無明尽乃至無老死
亦無老死尽無苦集滅道無智亦無得以無
所得故菩提薩埵依般若波羅蜜多故心無
罣礙無罣礙故無有恐怖遠離一切顛倒夢
想究竟涅槃三世諸仏依般若波羅蜜多故
得阿耨多羅三藐三菩提故知般若波羅蜜
多是大神咒是大明咒是無上咒是無等等
咒能除一切苦真実不虛故説般若波羅蜜
多咒即説咒曰
揭諦揭諦 波羅揭諦 波羅僧揭諦 菩提娑婆賀
般若心経

한층 깊은 지혜로
설명되는 비전

無受想行識

읽는 법) 무수상행식

의미) 수가 없고 상이 없고 행이 없고 식도 없다

앞서 공을 설명할 때 '공'과 '무'는 다르다고 했다. 그런데도 이 부분에서는 왜 '무'가 계속해서 반복될까? 이를 이해하기 위해서는 세 번째 부분의 첫머리에 등장하는 '공중(공 안에는)'을 살펴봐야 한다.

❖ 나를 파고들면 나는 사라진다

앞에서 '공 안에는'의 의미는 '관자재보살이 있는 4층에서 바라본 비전'이라는 뜻으로 받아들일 수 있다고 했다. 없다는 것은 '본디 있다(혹은 있었다)'를 전제로 한다. 처음부터 없던 것에는 이름조차 붙일 수 없기 때문이다.

2층에서는 일상적인 모습으로 존재했고 3층에서는 변화된 모습으로 존재했지만, 4층에서 바라보니 공성이 되어 틀마저 사라졌다는 일련의 흐름을 보여주기 위해 처음에는 '공'이라고 했고, 여기서부터는 무엇이 없는지를 세세히 나열하기 시작한다.

지혜의 상자를 열어보면 더 깊은 지혜가 있고, 그 상자를 열면 또 다른 더 깊은 지혜가 있는 이러한 중첩 구조로 인해 깊이와 수준의 다양한 차원을 음미할 수 있다는 점도 반야심경의 매력이다.

이 구절에서는 다시 오온의 틀의 소멸에 대해 언급한다. 오온은 내가 나로 존재할 수 있는 근거다. 하지만 나는 몸도 아니고, 감각이나 이미지, 심층의식, 판단도 아니다. 나를 깊이 파고들면 나는 결국 사라진다. 이것이 바로 반야심경의 핵심에 깔린 비전이다.

오온이 없다는 것

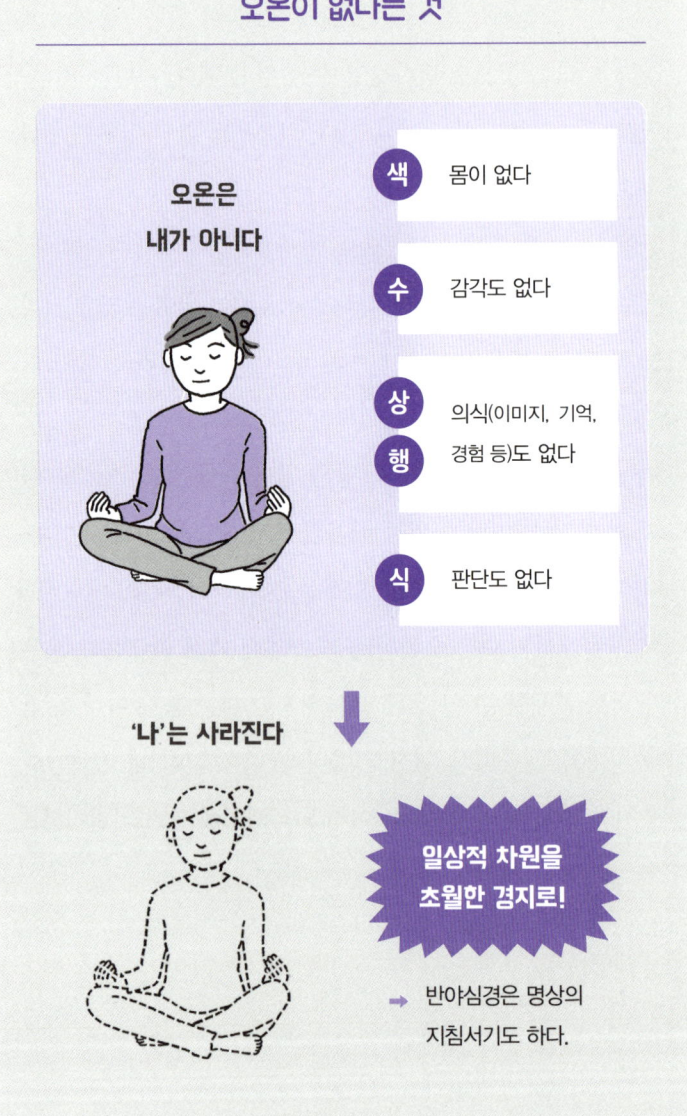

육근이라 불리는
여섯 가지 감각이 없다

無眼耳鼻舌身意

읽는 법 무안이비설신의

의미 안이 없고 이가 없고 비가 없고 설이 없고 신이 없고 의도 없다

　인도에서는 부처의 입적으로부터 100년 이상 지난 뒤 제법을 정밀하게 분석하는 작업이 활발히 이루어졌다. '나는 무엇인가'라는 질문에 답하는 작업이었는데, 최종적으로는 '나를 분석해보면 다양한 요소의 일시적인 집합체에 불과하다'라는 결론에 이르렀다. 집합되어 있는 요소에 대한 해석 중 하나가 오온인데 연구자들은 그밖에 십이처+二處로도 해체될 수 있다고 생각했다. 이 십이처는 지금부터 소개할 구절과 깊은 관련이 있다.

❖ 오감 + 의식을 '나의 근거'라고 생각하다

처處는 산스크리트어의 원뜻을 살펴보면 '나의 근거'로 해석할 수 있다. '십이처' 중 여섯 가지는 인간이 타고난 시각, 청각, 후각, 미각, 촉각이라는 오감에 의식을 더한 여섯 가지 감각 기능이다. 이를 '육근六根' 또는 '육내처六內處'라 한다. '육근'을 상징적으로 나타낸 것이 안眼·이耳·비鼻·설舌·신身·의意다.

참고로 슈겐도修驗道*의 수행자가 산을 오를 때는 육근청정六根淸淨을 되뇐다. 이는 육근이 각 대상에 대한 집착을 끊어내고 정화된다는 뜻으로, 독코이쇼**의 어원이라는 설도 있다***.

반야심경은 이 구절을 통해 '육근'이 없다고 단언한다. 오감과 의식을 부정하거나 눈, 귀 등이 사라진다는 뜻이 아니다. 나를 구성하는 요소로서의 '육근'에 대한 집착을 넘어서는 차원이 있음을 알려주는 것이다.

- •   일본의 토착 산악 신앙에 불교와 도교 등이 더해진 종교.
- ••   '영차'처럼 앉거나 일어날 때 내는 소리.
- •••   '육근청정'은 일본어로 '록콘쇼죠'다.

인간의 여섯 가지 기관=안·이·비·설·신·의

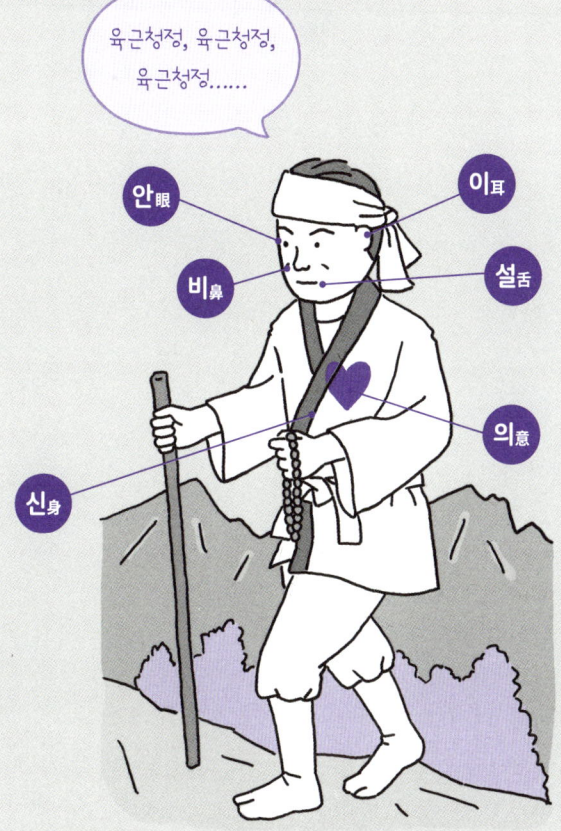

불교에서는 여섯 가지 기관(육근)이 번뇌를 일으키는 원인이 되기도 한다고 본다. 등산은 육근을 정화하기 위한 수행이다.

육경이라 불리는
여섯 가지 대상도 없다

無色聲香味觸法

읽는 법) 무색성향미촉법
의미) 색이 없고 성이 없고 향이 없고 미가 없고 촉이 없고 법도 없다

앞장에서 언급했듯이 안·이·비·설·신·의라는 여섯 가지 감각을 '육근' 또는 '육내처'라 한다. 이 '육근'이 받아들이는 여섯 가지 대상을 '육경六境' 또는 '육외처六外處'라 한다. '십이처' 중 남은 여섯 가지가 바로 이 육경이다. 무색성향미촉법은 그 육경이 무엇인지를 설명한 구절이다.

❖ 자아의 감옥에서 완전히 벗어나다

육경이란 시각을 통해 받아들이는 형상과 색채, 청각을 통해 받아들이는 소리와 음성, 후각을 통해 받아들이는 냄새와 향기, 미각을 통해 받아들이는 맛, 촉각을 통해 받아들이는 감촉, 의식을 통해 받아들이는 모든 대상을 말한다.

이를 상징적으로 보여주는 것이 색色·성聲·향香·미味·촉觸·법法이다. 이것들 또한 없다(혹은 없다고 받아들일 수 있는 차원이 있다)고 반야심경은 말한다. 이때 인간의 감각이나 그 대상이 없다고 설명하고는 있지만 그렇다고 반야심경이 아무것도 느낄 수 없는 삭막한 세계를 묘사하지는 않았음을 주의해야 한다.

자아의 감옥에 갇혀 있던 사람이 감옥으로부터 해방되었다고 생각했지만 이번에는 내가 나로 존재하는 근거에 집착하면서 다시 속박당하고 마는 소승불교의 관점과는 반대로, 거기에서 완전히 벗어나는 것이 대승불교 즉, 반야심경의 관점이다. 그 의미를 온전히 이해한 상태로 거듭 등장하는 무無를 통해 해방되는 감각을 맛보길 바란다.

육근이 받아들이는 감각의 대상 육경

안

색色
색과 형태가 있는 것

이

성聲
소리와 음성

비

향香
냄새와 향기

설

미味
맵거나 달거나 한 맛

신

촉觸
몸으로 받아들이는 감촉과 감각

의

법法
의식으로 파악하는 모든 것

육식을 포함한
십팔계에 이르는 모든 것이 없다

無眼界 乃至無意識界

(읽는 법) 무안계 내지무의식계
(의미) 안계에서 의식계에 이르기까지 어느 것 하나도 없다

지금까지 설명한 나의 근거가 되는 '십이처'는 안·이·비·설·신·의의 '육근(여섯 가지 감각)'과 색·성·향·미·촉·법의 '육경(감각의 대상)'이었다. 이밖에도 제법을 연구하는 이들이 나의 근거로 삼은 여섯 가지 요소가 더 있다.

이 요소들은 '육근'이 육경을 인식하는 작용으로 '육식六識'이라 불린다. '육근'과 '육경'을 합한 '십이처'에 육식을 더한 것을 '십팔계十八界'라 한다. 계界도 처處와 마찬가지로 원어를 참조하면 나의

근거를 의미하는 단어다. 반야심경은 이러한 육식에 대해서도 언급한다.

❖ 인간의 감각 따위를 아득히 초월한 경지가 있다

육식은 안식眼識, 이식耳識, 비식鼻識, 설식舌識, 신식身識, 의식意識 여섯 가지를 말한다. 십팔계를 논할 때는 육근과 육경을 합한 십이처를 포함해 모든 것에 계界를 붙인다. 즉, 인간의 감각과 그 대상, 인식 작용은 다음과 같이 열거할 수 있다.

안계眼界, 이계耳界, 비계鼻界, 설계舌界, 신계身界, 의계意界, 색계色界, 성계声界, 향계香界, 미계味界, 촉계触界, 법계法界, 안식계眼識界, 이식계耳識界, 비식계鼻識界, 설식계舌識界, 신식계身識界, 의식계意識界.

반야심경의 이 구절은 위에서 열거한 십팔계를 알고 있다는 전제하에 서술되어 있다. '내지'는 사이의 것을 생략한다는 뜻이다. 즉, 안계부터 (그 사이의 것을 포함한) 의식계에 이르기까지 그 모든 것이 없다는 말이 되겠다. 앞에서 말했듯이 감각이 없는 무미건조한 세계라는 의미가 아니라 인간의 감각 따위를 아득히 초월한 경지가 있다는 이야기다.

인간이 인식할 수 있는 열여덟 가지 영역

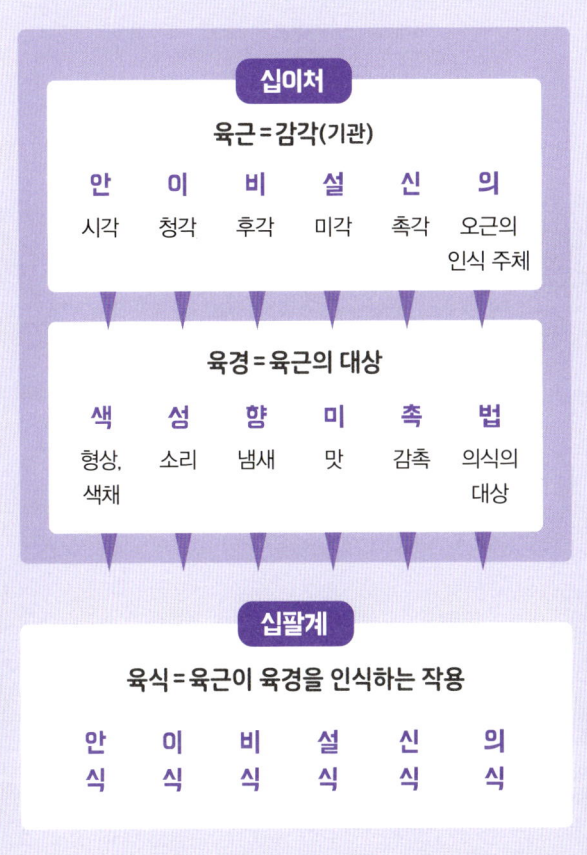

인식 가능한 영역을 열여덟 가지로 분류.
오온을 더욱 세분화한 것이기도 하다.

무지나 번뇌는 없으며
그것들의 소멸도 없다

無無明 亦無無明盡

읽는 법 무무명 역무무명진
의미 (명지가 없고) 무명이 없으며 (명지의 멸함이 없고) 무명의 멸함도 없다

앞서 불교에서 말하는 법은 부처의 성도를 통해 밝혀진 사물의 연결이라는 뜻으로도 사용되며 그것을 설하는 행위가 설법이라고 했다. 부처는 부다가야의 보리수 아래에서 깨달음을 얻은 후 사르나트에서 처음으로 설법했다. 이를 초전법륜初轉法輪이라 한다. 반야심경의 이 구절은 초전법륜의 내용과 깊은 관련이 있다.

❖ 인간의 괴로움은 무지와 번뇌에서 시작된다

사람은 왜 괴로워하는가. 부처는 그 원인을 파고들어 괴로움이 생겨나는 인과관계를 밝혀냈다. 이를 십이연기十二緣起(또는 십이지연기十二支緣起, 십이인연十二因緣)라 한다. 십이연기는 괴로움이 생겨나는 열두 가지 과정을 그린 것으로 무명無明에서 출발한다. 무명은 명지明知(지가 있음)의 반대말로 무지함, 망집, 번뇌가 있음을 가리킨다.

부처는 무명에서부터 시작해 연쇄적으로 여러 가지가 생겨나는 과정이 괴로움의 근원이라는 점을 깨달았다. 그래서 무명이 사라지면 괴로움의 원인도 차례로 사라진다. 십이연기의 각 요소가 사라지는 것을 멸진滅盡이라 하고 무명이 사라지는 것을 무명진無明盡이라 한다.

그런데 반야심경은 부처가 첫 설법에서 언급한 무명과 무명진마저 없다고 말한다. 원전에는 무명의 반대말인 명지와 그것이 사라지는 일도 없다고 나와 있다. 십이연기에 관한 반야심경의 설명은 계속 이어진다.

부처의 첫 설법 초전법륜

사르나트의 숲에 있던 옛 동료 수행자 5인에게 가르침을 설하자 수행자들은 기뻐하며 가르침을 받았다.

초전법륜 初転法輪

↓

처음으로[初] **굴린**[転]
법[法]**의 바퀴**[輪]

부처의 가르침을 번뇌를 깨부수는 전차에 빗대어 표현.

반야심경

십이연기에서
말하는 것은 모두 없다

乃至 無老死

읽는 법 내지 무노사

의미 노사(에 이르기까지의 괴로움이 생겨나는 과정)는 없으며

부처가 설법한 십이연기의 항목은 다음과 같다.

① 무명無明(무지) → ② 행行(자아 형성) → ③ 식識(인식 작용) → ④ 명색名色(자아의 각종 요소) → ⑤ 육처六処(여섯 가지 감각) → ⑥ 촉触(대상과의 접촉) → ⑦ 수受(감정) → ⑧ 애愛(욕망) → ⑨ 취取(집착) → ⑩ 유有(생존) → ⑪ 생生(생활) → ⑫ 노사老死(나이 듦과 죽음)

무명에서 행이 생기고, 행에서 식이 생기고… 하는 식으로 원인이 결과를 낳고 결과가 원인이 되어 결국에는 가장 큰 괴로움인 노

사에 이르게 된다.

❖ 무명 안에 있는 동안에는 무명이 보이지 않는다

이를 참고해서 반야심경의 해당 구절을 살펴보겠다. '내지'는 앞서 말했듯이 사이에 있는 것들을 생략한다는 뜻이다. 그러면 앞 구절에 나왔던 무명부터 이 구절의 노사에 이르는 열두 항목이 모두 없다고 말한다는 사실을 알 수 있다.

자아를 상징하는 4층 건물로 비유하면 1층이나 2층에 있는 상태다. 사람은 누구나 처음에는 무명이다. 무명 속에 있는 동안에는 무명이라는 사실조차 알지 못한다.

3층에 도착한 자는 무명에서 벗어난다. 내 뜻대로 되지 않는 자아를 구성하는 여러 요소를 자세히 관찰할 수 있는 수준이며 사리자가 있는 곳이기도 하다. 그와 같은 상태라면 괴로움의 원인을 없앨 수 있을 테다. 그럼에도 불구하고 3층에 있는 사람들은 십이연기의 법칙에 집착하기 시작해 괴로움을 만들어내게 되었다.

이를 4층에서 바라보면서 십이연기는 각자 명상을 할 때 마음 깊은 곳에서 일어나는 과정일 뿐 실존한다고 받아들여서는 안 된다고 알려주는 것이 반야심경이다.

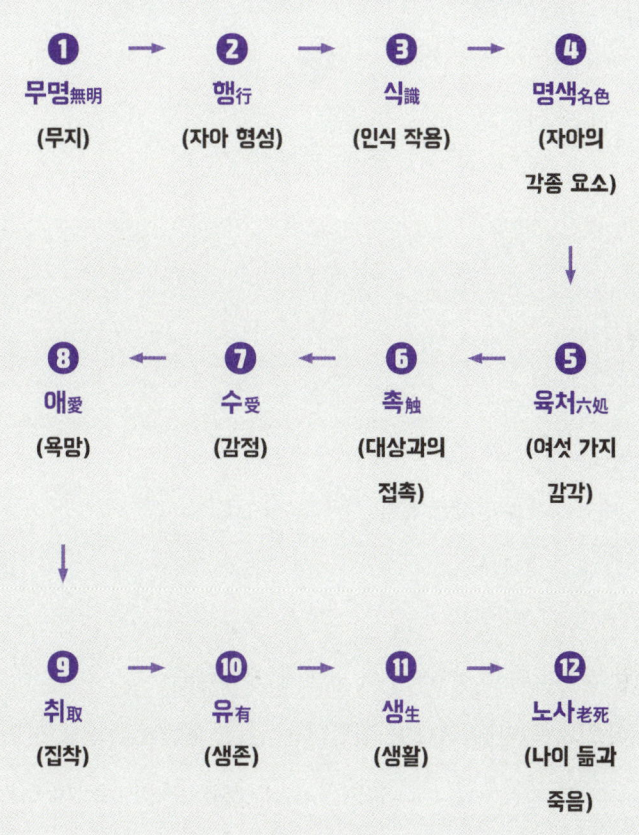

근본적인 무지(무명)가 원인이 되어 마음속에서 각종 연쇄 반응이 일어나, 결국에는 나이 듦과 죽음이라는 괴로움을 맛보게 된다.

원인이 다하고
결과가 다하는 일도 없다

亦無老死盡

(읽는 법) 역무노사진

(의미) 노사의 멸함도 없다

앞장에서 다룬 십이연기와 관련해 ①이 ②를 낳고 ②가 ③을 낳는 식으로 '원인→결과'를 관찰하는 일을 '순관順觀'이라 한다. 반대로 ①이 없어지면 ②가 없어지고 ②가 없어지면 ③이 없어지는 식으로 '원인의 멸진 → 결과의 멸진'을 관찰하는 일을 '역관逆觀'이라 한다.

진盡이라는 글자에서도 알 수 있듯이 반야심경의 이 구절은 각 항목의 멸진이 연쇄적으로 일어나는 역관의 관점에서 서술하고 있다.

❖ 피할 수 없는 노사의 공포로부터 자유로워지다

앞서 '무무명진'이라는 말이 나왔었다. 무명이 다하는 일도 없다는 뜻이다. 그리고 이번에는 무노사진이 나왔다. 노사가 다하는 일도 없다는 뜻이다. 바로 앞 구절에 나온 '내지'는 이 구절에도 걸리므로 십이연기의 각 항목이 다하는 일은 없다고 역관의 관점에서 설명하는 내용이라 하겠다.

그러니까 애초에 반야심경은 십이연기의 각 항목 자체가 없다기보다는 연쇄 반응을 통해 생겨나거나 사라지는 일이 (실재적으로는) 없다고 이야기하고 있음을 알 수 있다.

무명(무지)이 아니면 늙지 않고 죽지 않는다는 것은 있을 수 없는 일이다. 십이연기가 보여주는 것은 불로불사의 비결 따위가 아니기 때문이다. 괴로움이 생겨나는 과정을 알고 집착을 버리며, 피해갈 수 없는 노화와 죽음에 대한 공포로부터 자유로워져야 한다고 설할 뿐이다. 이와 같은 내용을 토대로 마음의 변화와 성장을 이끌어 내는 것이 반야심경이라 하겠다.

괴로움이 생겨나는 과정을 부정하는 역관

❶ 무명(무지)을 멸진하면 행이 사라진다.

❷ 행(자아 형성)이 사라지면 식이 사라진다.

❸ 식(인식 작용)이 사라지면 명색이 사라진다.

❹ 명색(자아의 각종 요소)이 사라지면 육처가 사라진다.

❺ 육처(여섯 가지 감각)가 사라지면 촉이 사라진다.

❻ 촉(대상과의 접촉)이 사라지면 수가 사라진다.

❼ 수(감정)가 사라지면 애가 사라진다.

❽ 애(욕망)가 사라지면 취가 사라진다.

❾ 취(집착)가 사라지면 유가 사라진다.

❿ 유(생존)가 사라지면 생이 사라진다.

⓫ 생(생활)이 사라지면 노사가 사라진다.

⓬ 노사(노화와 죽음)가 사라진다. 즉, 괴로움이 사라진다.

반야심경

괴로움으로부터 해방시켜주는
사제의 가르침

無苦集滅道

읽는 법 무고집멸도

의미 고가 없고 집이 없고 멸이 없고 도도 없다

부처는 초전법륜에서 십이연기를 설한 다음 실천해야 할 팔정도八正道에 대해 설법했다. 이때 전제로 든 것이 사제四諦(또는 사성제四聖諦)라는 네 가지 진리다. 그 첫 번째가 살아가는 일이 괴로움임을 아는 고제苦諦, 두 번째가 끝없는 욕망이 괴로움을 만들어냄을 아는 집제集諦, 세 번째가 욕망은 억제할 수 있음을 아는 멸제滅諦, 네 번째가 멸제를 실현하기 위해서는 팔정도가 중요함을 아는 도제道諦다. 이 구절의 고·집·멸·도가 가리키는 것이 바로 사제다.

❖ 남을 속박하는 것이 아니라 나 자신의 마음을 수행하라

제諦는 체념諦念의 체諦이기도 하다. 이 때문에 모든 것을 단념하게 만드는 억압적인 느낌이 들 수도 있으나, 사실 여기에서는 밝혀낸다는 뜻으로 쓰였다. 괴로움의 존재와 그 원인, 그리고 극복하는 법을 밝혀내고 괴로움에서 벗어나는 길을 설한 것이 바로 사제다.

그리고 도제에서 말하는 팔정도란 정견正見(바른 견해), 정사正思(바른 사유), 정어正語(바른 말), 정업正業(바른 행실), 정명正命(바른 생활), 정정진正精進(바른 노력), 정념正念(바른 마음가짐), 정정正定(바른 정신 통일)이라는 여덟 가지 바른 수행법이다.

반야심경은 이 모든 것이 없다고 한다. 하지만 가르침 자체를 부정하는 것은 아니다. 이것들은 어디까지나 자신의 마음 수행일 뿐 타인을 구속하는 법규 따위가 아니라고 반야심경은 설명한다.

중도로 나아가기 위해 실천해야 할 사제와 팔정도

부처는 괴로움으로부터 벗어나는 길인 중도를 설하고 사제와 팔정도를 실천하도록 권장했다.

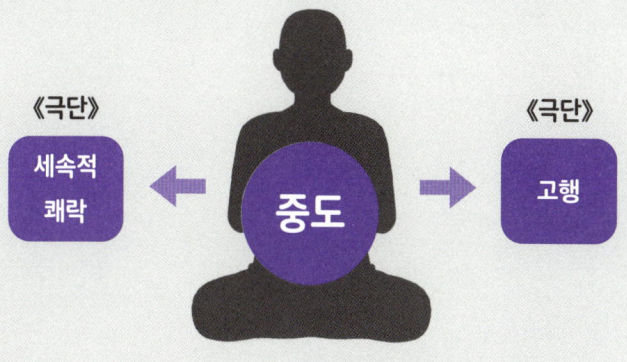

《극단》 세속적 쾌락 ← 중도 → 《극단》 고행

↓ 양극단을 피하고 치우침이 없는 인식, 판단, 행위를 해야 함.

중도의 실천 덕목

사제(사성제)	팔정도
• 고제 • 집제 • 멸제 • 도제	• 정견 • 정사 • 정어 • 정업 • 정명 • 정정진 • 정념 • 정정

모든 것은 명상의 과정이자
마음의 문제

無智亦無得

읽는 법 무지역무득
의미 아는 일도 없고 득이라는 일도 없다

　많은 해설서에서는 이 구절의 지智와 득得을 한 쌍으로 보고 지혜도 얻는 것도 없다 또는 알지도 못하고 깨달음을 얻지도 못한다고 설명하는 경우가 많지만 이는 잘못된 해설이다.
　부처는 초전법륜에서 고·집·멸·도의 사제가 밝혀졌을 때 "나에게 지혜가 생겨나고 광명이 생겨났다"고 말했다. 이에 근거하면 고·집·멸·도에 이어서 등장하는 '지'기 때문에 사제와 팔정도를 통해 얻은 '지'로 해석해야 할 것이다.

❖ 여기까지의 목적은 명상 지도

또한 반야심경 대본에는 '지_智도 없고'에 이어 '득_得도 없고 비득_{非得}도 없다'고 되어 있다. 소본에는 '비득'이 생략되어 있으나 '득'은 '비득'과 한 쌍이다. 그렇다면 '득'은 무엇일까. 손익이나 이른바 돈벌이에서 연상되는 '득'은 아니다. 자아를 파고들면 제법이라는 요소로 해체되고, 고정된 자아는 존재하지 않는다는 것이 불교의 기본적인 사고방식이다.

그렇다면 왜 자아가 있는 것처럼 보이는가. 연구자들은 어딘가에 제법을 결합시키고 분리시키는 작용이 있기 때문에 개성이 생겨나 자아가 존재하는 것처럼 보인다고 생각했다. 여기서 제법을 결합시키는 작용을 '득', 분리시키는 작용을 '비득'이라 한다. 이 구절은 그러한 작용이 없다고 말하는 것이다.

반야심경은 부처의 가르침을 언급하면서도, 그것들은 명상의 과정일 뿐 실재적인 차원에서는 존재하지 않는다고 설명해 왔다. 사실 그 목적은 명상 지도에 있었다. 제법에 관한 명상 지도는 여기까지다. 이어서 다른 관점에서의 설법이 시작된다.

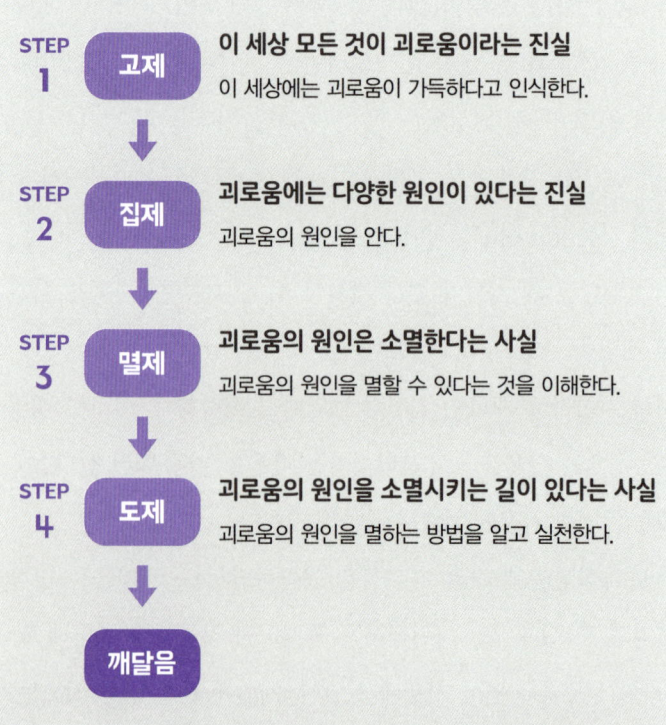

방법론을 논하는
후반부로 돌입하다

以無所得故

읽는 법 이무소득고

의미 (따라서) 여기에는 그 무엇도 없기에

반야심경 대본의 첫 장면에서 사리자가 관자재보살에게 던진 질문을 기억하는가? 관자재보살이 얻은 비전이 무엇인지를 묻는 내용이었다. 이에 대한 대답이 지금까지 살펴본 내용이다.

사실 그때 사리자는 질문을 하나 더 했다. 그 비전을 얻는 방법이 무엇인지를 물은 것이다. 이에 대한 대답이 지금부터 살펴볼 반야심경 후반부에 해당한다.

❖ 제법의 작용이 없음을 강조

그 첫 번째가 이무소득고다. 많은 해설서가 이 구절을 앞 구절과 묶어서 설명한다. 무지역무득에 대한 설명을 그 뒤에 덧붙인 것으로 해석하여 '지도 없고 득도 없다. 득할 것이 없기 때문에'라고 풀이한다.

그러나 원전에는 이 구절 앞에 따라서라는 접속사가 들어가 있다. 그러므로 여기서부터 새로운 부분이 시작된다고 보아야 할 것이다. 또 무소득이라는 한자에 사로잡혀서 '손익 계산을 초월한 마음 상태' 등으로 풀이하는 해설서도 있으나 이는 매우 이례적인 해석이라고밖에 할 수 없다.

여기서 '득'은 앞 장에서 언급한 바와 같이 제법을 결합시키는 작용을 말한다. 즉, 관자재보살이 있는 4층에서는 '제법이 결합되는 일은 없다', '그러한 제법의 작용은 아무것도 없다'고 말하는 것이다. 완전히 개방된 차원임을 강조하기 위해서인데 쉬운 말로 바꾼다면 '여기에는 그 무엇도 없기에' 정도로 이해해볼 수 있다.

대본 반야심경의 무대

영취산의 설법대
부처가 종종 설법을 펼쳤던 영취산이 대본 반야심경의 무대다.

하늘에서 바라본
영취산의 전모

반야바라밀다는
보살들의 구호

菩提薩埵

읽는 법   보리살타
의미   보살은 (보살의)

　보살이라는 말은 불교를 잘 모르는 사람이라도 한 번쯤은 들어 봤을 것이다. 하지만 보살이 무엇의 준말인지는 크게 알려지지 않았다. 보살은 보리살타의 준말이다. 반야심경의 화자인 관자재보살도 그중 한 사람이다. 하지만 반야심경의 이 구절에 나오는 보리살타는 관자재보살만을 가리키는 말은 아니다. 그렇다면 과연 보리살타는 무엇을 가리킬까?

❖ 관자재보살이 보살의 대표로 말하다

보리는 깨달음, 살타는 사람이라는 뜻의 음역어다. 즉, 보리살타는 수행자라는 뜻이다(대승불교의 수행자). 원래 보살은 부처의 과거세(전세前世)를 일컫는 말이었다. 자신이 수행하는 데 그치지 않고 타인을 구제하고자 하는 대승불교의 수행자들이 스스로를 보살이라고 칭한 데에서 자비 정신을 발휘하는 수행자를 보살이라 부르게 된 것이다.

이 구절에 나온 보리살타는 원전상에는 보리살타들의(복수형)라고 되어 있다. 주어가 생략된 형태지만 전후 맥락을 따져보면 보리살타가 주어다. 뒤에 따라 나오는 구절에 주어를 붙여서 해석해보면 '우리 보살은 보살들의 반야바라밀다에 의해'가 된다.

보살들은 반야바라밀다를 구호 삼아 기도하고 명상하며 이 단어에 담긴 의미를 추구한 것이다. 이를 보살을 대표해 관자재보살이 말하는 형태다.

보살이 행해야 할 여섯 가지 덕목

❶ 보시

단나바라밀檀那波羅蜜
물질적인 베풂은 물론이고 불교의 가르침을 설하여 정신적인 안정을 찾게 해주는 일도 보시에 해당한다.

❷ 지계

시라바라밀尸羅波羅蜜
수행자에게 걸맞은 규칙과 금욕을 지키고 심신을 정화한다.

❸ 인욕

찬제바라밀羼提波羅蜜
결코 마음을 어지럽히는 일 없이 고난을 참고 견딘다.

❹ 정진

비리야바라밀毘梨耶波羅蜜
깨달음을 얻기 위해 부단히 노력한다.

❺ 선정

선나바라밀禪那波羅蜜
정신을 통일하고 마음을 가라앉힌다.

❻ 지혜

반야바라밀般若波羅蜜
바른 지혜를 지니는 일. 지혜의 완성.

'반야바라밀다'는 보살이 행해야 할 여섯 가지 덕목 중 마지막 항목이다. 다른 다섯 가지 덕목과는 차원이 다른, 한층 깊이 있는 특별한 수행법을 가리킨다.

반야바라밀다 없이는 성과를 얻을 수 없다

依般若波羅蜜多故

읽는 법 의반야바라밀다고
의미 반야바라밀다를 의지처로 하여

전반부에서 이야기해 온 비전은 원래 관자재보살이 '반야바라밀다의 깊은 수행을 할 때 얻은 것'이라고 반야심경의 첫머리에 언급되어 있다. 여기에서는 다시금 그 비전이 '(보살들의) 반야바라밀다에 의하기 때문에'라고 말한다. 반야바라밀다 없이 이러한 성과는 얻을 수 없다고 강조하는 것이다.

❖ 지혜라는 완성에 도달한 뒤 더 높은 곳으로

의依라는 글자의 기원이 된 산스크리트어 '아스리따'는 '~을 의지처로 하여', '~에 입각하여', '~을 기반으로 하여' 등을 뜻한다. 경전 제목을 해설할 때도 잠시 언급했듯이 반야는 지혜(프라즈냐), 바라밀다는 완성(파라미타)의 음역어다.

반야바라밀다는 지혜의 완성이라고도 번역할 수 있으나 더 엄밀하게는 '지혜라는 완성'을 의미한다. 도달점을 목표로 하는 상태가 아니라 이미 도달한 상태를 의미하는 것이다.

그러나 의依 즉, '이에 입각해서'라고 하고 있으므로 수행의 도달점인 동시에 이를 기반으로 하는 한층 더 높은 차원이 있다는 의미도 포함하고 있다. 건물에 비유하면 4층이 도달점이기는 하지만 거기에서 끝이 아니라 4층에서도 명상 과정을 실천하는 것이 반야바라밀다가 의미하는 바다. 그렇게 해서 얻은 비전을 관자재보살은 사리자에게 설법한 것이다.

반야바라밀다의 수행

반야바라밀다의 수행을 등산에 비유하자면 다음과 같다. 산을 바라만 보던 사람이 산을 더 잘 보기 위해 산을 오르기 시작한다. 어느덧 정상에 도착해 자신이 지금까지 있던 곳과 걸어온 길을 한눈에 내려다본다. 탁 트인 곳에 올라서게 된 결과, 자신과 자신이 속한 세상을 내려다볼 수 있게 되었다. 이것이 가장 높은 차원의 관점이고 그곳에서 세상을 바라보는 일이 반야에 입각한 수행이다.

마음에 아무런 방해나 걸림이 없다

心無罣礙

읽는 법 심무가애

의미 마음의 방해 없이 안주安住하고 있다

이 구절에 나온 '심'은 원어로는 치타다. 경전의 제목에서 심주(진언)를 가리키던 심(흐리다야)과는 달리 일반적인 의미의 마음 즉, 우리의 내면을 가리키는 단어다.

가애의 가罣는 걸리는 것, 애礙는 방해하는 것을 뜻한다. 원어의 아바라나(방해가 되는 것, 막는 것, 덮는 것)를 번역하기 위해 한역자가 만든 학술 용어로 보인다. 따라서 마음에 가애가 없다는 것은 마음에 아무런 방해(걸림, 덮개)가 없음을 의미한다.

❖ 마음을 얽어매는 그물이 사라지는 차원

그렇다면 방해는 무엇을 말하는 것일까. 바로 지금까지 거듭 말해 온 제법이 실재한다고 믿는 행위를 뜻한다. 제법 연구에 몰두한 나머지 마음이 그물에 걸려버린 듯한 상태에 빠진 3층 사람들에게 4층에는 그렇게 마음을 방해하는 것은 무엇 하나 없다고 말한다.

전반부에서도 말하기는 했으나 여기서는 방법론의 서두를 시작하며 반야바라밀다의 수행을 하면 어떤 일이 일어나는지를 한층 강조된 표현을 통해 설명하는 것이다. 이 부분을 많은 해설서처럼 마음에 집착이 없다고 풀이해도 틀리지는 않는다.

그러나 집착을 버리고 살아가라는 식의 세속적인 교훈을 도출하려 한다면 반야심경의 진정한 의미에서 벗어나게 되어, 2층으로 되돌려 보내지게 될 것이다.

따라서 세속적인 차원의 가르침으로 받아들이기보다는 그저 마음에 아무런 방해가 없는 경지를 떠올리며 반야심경을 곱씹는 편이 조금이라도 진정한 의미에 다가가는 길이다.

현존하는 『반야심경』의 한역 8종

	경전명	번역가(시대)	번역 연대
1	마하반야바라밀대명주경 摩訶般若波羅蜜大明呪經	구마라집(후진)	402~412년
2	반야바라밀다심경 般若波羅蜜多心經	현장(당)	649년
3	보편지장반야바라밀다심경 普遍智藏般若波羅蜜多心經	법월(당)	739년
4	당범번대자음반야바라밀다심경 唐梵飜對字音般若波羅蜜多心經	불공(당)	746~774년경
5	반야바라밀다심경 般若波羅蜜多心經	반야, 이언 공역(당)	790년
6	반야바라밀다심경 般若波羅蜜多心經	법성(당)	856년
7	반야바라밀다심경 般若波羅蜜多心經	지혜륜(당)	860년경
8	불설성불모반야바라밀다심경 佛說聖佛母般若波羅蜜多心經	시호(송)	982~1017년

공포가 존재하지 않는
차원이 있다

無罣礙故 無有恐怖

읽는 법   무가애고 무유공포

의미   마음의 방해가 없으므로 두려움이 없고

'무가애고'는 두말할 것도 없이 앞의 '심무가애'를 그대로 받은 말로 '마음에 방해가 없기 때문에'라는 뜻이다. '가애'의 의미는 앞서 언급했듯이 방해가 되는 것, 막는 것, 덮는 것 등인데 둘러싸고 있는 것이라는 의미도 있다. 그러한 것들이 없으므로 공포가 없다는 뜻의 구절이다. 구체적으로는 어떤 의미일까?

❖ 나를 속박하는 것은 나의 마음

공포는 그 원인이 무엇이든 마음에서 비롯된다. 그 바탕에는 갇혀 있다는 느낌이 있다. 갇혀 있어 도망갈 곳이 없다고 느끼기에 공포가 생겨나는 것이다. 죽음에 대한 공포 역시 마찬가지다. 공포는 죽음에서 벗어날 수 없다고 생각하는 데서 비롯된다. 반대로 갇혀 있지 않다고 생각하는 사람, 벗어날 마음이 없는 사람에게는 공포가 없다.

일상 속에서 우리의 마음은 이중, 삼중으로 된 감옥에 갇혀 있다. 시간, 장소, 타인과의 관계, 습관 등의 틀에 갇힌 채 속박 속에서 괴로워한다. 또 여기에서 벗어나려다 더 큰 괴로움에 빠지기도 한다. 이 감옥은 다름 아닌 나 자신의 마음이기 때문에 일반적으로 생각하면 벗어날 도리가 없다.

그러나 반야심경은 이 감옥을 완전히 개방해버리는 차원이 있다고 말한다. 전반부의 내용에 따르면 마음 자체를 '공성'으로 만들 수 있는 차원이 존재한다는 이야기였다.

반야심경은 결코 마음의 중요성을 설한 경전이 아니라, 반대로 '마음 따위는 없다. 그렇게 단언할 수 있는 차원이 있다'고 설하는 비상한 경전이다.

애초에 나를 속박하는 마음 따위는 존재하지 않는다

반야심경은 공포를 느끼는 마음 따위가 존재하지 않는 차원이 있다고 설한다. 나를 속박하는 것들은 단지 생각이 만들어냈을 뿐이다.

착각을
멀리하고 초월하다

遠離一切顛倒夢想

(읽는 법) 원리일체전도몽상

(의미) 없는 것을 있다고 생각하는 견해를 초월하여

이 구절에 나오는 '일체'라는 두 글자는 1장에서도 언급했듯이 현장의 한역본에는 나오지 않는다. 원전에서도 찾아볼 수 없으나 현장 이전에 반야심경을 한역한 구마라집의 번역본에는 등장한다. 현장의 번역본을 토대로 한 유포본에도 이 두 글자는 들어가 있다. 아마도 독송을 고려해 운율을 맞추려고 구마라집이 추가한 말이 유포본에도 반영된 것으로 보인다.

❖ 초월이란 계단을 끝까지 오르는 것

'전도'는 거꾸로 된 것, '몽상'은 꿈과 같이 있을 수 없는 일을 의미한다. '몽상'도 원전에는 없는 말로 전도를 강조하면서 운율을 맞추기 위해 추가한 것으로 보인다.

'전도몽상'은 없는 것을 있다고 생각한다는 의미다. 따라서 망상을 하지 않도록 훈계하는 내용이라고 설명하는 해설서도 있으나 여기서는 그러한 의미로 사용되지 않았다. 건물에 비유하면 4층에서 보면 없는 것을 3층 수준에서는 있는 것으로 착각한다고 설하는 내용이다.

'원리遠離'는 말 그대로 멀리(遠) 떨어져 있다(離)고 해석할 수도 있지만 산스크리트어로는 본래 '초월하다'라는 뜻이다. 따라서 이 구절은 '없는 것을 있다고 착각하는 수준을 초월해서'라는 의미다.

참고로 '원리'에 해당하는 원전의 산스크리트어인 '아티크란타'를 직역하면 계단을 끝까지 올랐다는 뜻이다. 이 책에서는 반야심경의 가르침을 '자아를 상징하는 4층 건물'에 빗대어 설명하는데, 그 해석의 타당성을 보여주는 말이라고도 하겠다.

현존하는 '반야심경'의 가장 오래된 번역가 구마라집

'반야심경' 한역 외에도 수많은 업적을 남김

범어 표기는 Kumarajiva, 330~409년경.
중국 남북조 시대 초기의 역경승. 인도계 아버지와 쿠차 왕족인 어머니 사이에서 태어났다. 7세에 출가하여 처음에는 부파불교의 교리 등을 공부했으나 머지않아 대승불교로 전향하여 『반야경』, 『아미타경』, 『법화경』 등의 중요 경전을 아름다운 문장으로 번역했다. 구마라집이 번역한 경전과 논서는 지금도 널리 독송되고 있다.

부처가 가신 열반은 어떤 곳인가

究竟涅槃

읽는 법 구경열반

의미 완전히 개방된 경지에 있다

'구경'이라는 한자어는 사물의 궁극에 달한 곳을 의미한다고 알려져 있다. '열반'은 원어 니르바나의 음역어로 일반적으로는 부처님의 입적을 가리키지만 여기서는 원뜻의 의미로 사용되었다. 원뜻이 의미하는 바는 '타오르는 번뇌의 불길을 불어서 끄고 깨달음의 지혜를 얻은 경지를 말한다'고 설명되어 있다.

❖ 덮개가 걷힌 개방된 경지

이와 같은 해석이 나오는 이유는 니르바나의 어원이 '(바람 등이) 불다'라는 의미의 '바'라고 여겨지기 때문이다. 여기에 접두사 '니르'가 붙으면 '불어서 없애다'라는 뜻이 된다. 하지만 원어에는 타오르는 번뇌의 불길에 해당하는 의미는 없다. 없는 내용을 덧붙여서 해석한 것인데 열반이라는 중요한 단어에 이렇게 살을 붙여 해석하는 것도 부자연스럽다.

일부 불교 경전은 번뇌를 타오르는 불길에 비유하는 표현을 사용하기도 하지만 불을 끈다면 물을 끼얹거나 불씨 그 자체를 없애는 방법이 일반적이지 불어서 끈다는 용례는 찾아볼 수 없다. 상식적으로 생각해봐도 타오르는 불에 대고 바람을 불면 불길이 더 거세질 뿐이다.

이 때문에 해외의 팔리어 연구자들은 니르바나의 어원이 '불어서 끄다'를 의미하는 '니르바'가 아니라 '덮개를 걷어낸다'는 의미의 '니르브리'라고 본다. 이 경우 앞에 나온 내용과도 딱 들어맞는다. 그 어떤 덮개도 방해도 없는 개방된 경지(열반)에 도달 가능하다는 것이 이 구절이 뜻하는 바다.

부처의 가르침을 요약한 사법인

사법인

일체개고
이 세상은 피할 수 없는 괴로움으로 가득 차 있다는 진실.

삼법인

열반적정
번뇌를 멸하고 괴로움을 극복하였으며 집착을 버린 평온한 경지.

제법무아
모든 것은 인과에 의해 생멸하는 것이며 자아는 존재하지 않는다.

제행무상
모든 존재와 현상은 항상 변화한다는 진실.

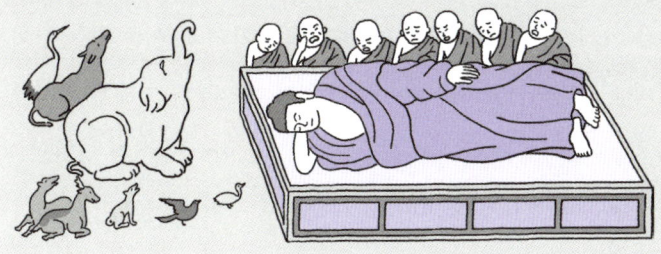

어느 시대에나
부처는 태어날 수 있다

三世諸佛

읽는 법 삼세제불
의미 과거·현재·미래의 삼세에 출현하는 모든 부처는

'삼세'란 과거·현재·미래를 말한다. 부처는 원래 인도에서 각자覺者(진리를 깨달은 자), 성자를 뜻하는 말이었는데 머지않아 부처만을 가리키는 존칭이 되었다. 하지만 부처와 같은 존재가 그 이전 시대에도 나타났었다고 하는 이야기가 예로부터 전해져 내려왔는데 이를 과거칠불過去七佛 신앙이라 한다. 이 구절에서 말하는 '삼세제불'은 과거를 포함한 어느 시대에나 부처는 태어날 수 있다는 편재성偏在性을 보여준다.

❖ 자신 안에서 찾아내야 할 내면의 존재

부처를 구름 위에 계신 단 하나의 비범한 존재라고 생각한 소승불교에 반해, 대승불교는 성불할 가능성이 만인에게 있다고 설했다. 부처는 그의 가르침이 그러하듯 그 존재 또한 보편적이며, 저 멀리에서 찾을 것이 아니라 우리 내면에 존재하므로 자기 자신 안에서 찾아야 한다고 대승불교는 생각한 것이다. '삼세제불'에는 이러한 배경이 있으며 그 의미는 '과거·현재·미래에 출현하는 모든 부처는'이다.

그리고 이 주어의 다음에는 뒤에서도 설명하겠지만 완전히 깨달았다는 의미의 '아뇩다라삼먁삼보리阿耨多羅三藐三菩提를 얻으셨다'라는 술어가 붙는다. 부처란 깨달은 자를 의미하므로 '제불(깨달은 자)은 완전한 깨달음을 얻었다'라는 문장은 언뜻 당연한 말을 하는 것처럼 보이기도 한다.

그러나 이 대목에서 핵심은 그 부분이 아니라 다음에 나올 '반야바라밀다에 의하여'다. 자세한 내용은 다음 장에서 설명하겠다.

과거칠불과 미래불

과거

제1불
비바시불毘婆尸佛

제2불
시기불尸棄佛

제3불
비사부불毘舍浮佛

제4불
구류손불拘留孫佛

제5불
구나함모니불拘那含牟尼佛

제6불
가섭불迦葉佛

현재

제7불
석가모니불釋迦牟尼佛(또는 석존釋尊)

과거칠불

미래

미륵보살彌勒菩薩
부처 이후에 태어나 부처가 된다는 보살. 현재 도솔천 설법 중으로 석가모니의 입적으로부터 56억 7천만 년 후에 이 세상에 내려와 미처 부처의 설법을 통해 구제받지 못한 무수히 많은 중생을 구제할 것이라고 한다.

미래불

제불이 깨달음을
얻은 까닭

依般若波羅蜜多故

읽는 법   의반야바라밀다고

의미   반야바라밀다를 의지처로 하여

　과거·현재·미래의 모든 부처의 깨달음은 반야바라밀다에 의한 다는 것이 이 부분의 중요한 포인트다. '세상에 출현하는 모든 부처들이 부처가 된 까닭은 반야바라밀다에 있다'고 하니 꽤 과감한 표현이다. 같은 '의반야바라밀다고'여도 앞에서 나왔을 때는 보살의 경지를 찬양했던 데 반해 이번에는 주안점이 다르다.

❖ 앞으로 나아가며 한 단계씩 키워나가는 지혜

부처를 비롯한 제불이 깨달음을 얻게 된 이유가 반야바라밀다에 의한 것이라고는 초기의 그 어떤 불교 경전에도 기록되어 있지 않다. 하지만 보살들은 기존의 전승을 돌아보고 부처의 진의를 연구하며 자신의 내면을 탐구하는 과정에서, 반야바라밀다야말로 의지처로 삼아야 한다는 확신에 이르게 되었다. 이를 강조하는 것이 해당 구절이다.

여러 번 설명했듯, 반야바라밀다의 반야는 '프라즈냐(지혜)'의 음역어다. 이 단어는 '앎'을 뜻하는 '즈냐'에 '이전에'를 뜻하는 '프라'가 붙어서 만들어졌다. 이 때문에 프라즈냐를 지식 이전의 무분별지無分別知라고 하기도 하지만 이는 잘못된 해석이다. 만약 그 해석이 맞다면 유아가 있는 1층으로 돌아가야 할 것이다.

이때 '프라'는 앞으로 나아간다는 뜻이다. 1층에서 2층, 2층에서 3층, 3층에서 4층으로 한 단계씩 키워나가는 지혜. 지혜를 얻기 전의 상태로 돌아가는 것과는 정반대로, 한 층씩 올라간 끝에 도달하게 되는 최상층의 경지다.

과거칠불의 공통된 가르침인

칠불통계게 七佛通戒偈

제악막작 諸惡莫作	일체의 악행을 저지르지 말고
중선봉행 衆善奉行	온갖 선업을 쌓으며
자정기의 自淨其意	스스로의 마음을 깨끗이 하라
시제불교 是諸佛敎	이것이 제불의 가르침이다

과거칠불이 공통으로 수지했다고 하는 칠불통계게는 모든 불교 사상을 요약한 것으로 알려져 있으며 예로부터 남방불교·북방불교를 불문하고 일본에 이르기까지 매우 중요시되었다.

2장 | 반야심경의 가르침

더할 나위 없는
완전한 깨달음

得阿耨多羅三藐三菩提

읽는 법) 득아뇩다라삼먁삼보리
의미) 더할 나위 없는 완전한 깨달음을 성취했다

'아뇩다라삼먁삼보리'는 '아누타라 샴먁 삼보디'라는 산스크리트어를 음역한 말로 더할 나위 없이 완전한 깨달음을 뜻한다. 이 구절은 요즘으로 치면 영어를 번역하지 않고 소리 나는 대로 옮겨 쓴 뒤 조사를 끼워 넣어 이어 붙인 문장이라 하겠다. 반야심경 본문 내에서 마지막 진언을 제외하면 이러한 방식으로 번역한 부분은 이 구절 외에는 찾아볼 수 없다.

❖ 구마라집의 선례에 따라 음역어를 사용

현장이 번역할 수 없는 단어로 꼽은 다섯 가지 조건인 '오종불번五種不翻'은 다음과 같다.

① 다라니陀羅尼(진언)와 같은 신비로운 말
② 바가범薄伽梵과 같이 다양한 뜻을 지닌 말
③ 염부수閻浮樹처럼 중국에는 없는 말
④ 아뇩다라삼먁삼보리阿耨多羅三藐三菩提처럼 선례가 있는 말
⑤ 반야般若와 같이 지혜로 번역하면 의미가 가벼워지는 말

위에서 말한 것처럼 선례가 있었기 때문에 번역하지 않고 음역어를 사용한 듯하다. 영어를 소리 나는 대로 옮겨 쓰기만 한 단어라도 외래어로서 정착되었다면 그대로 사용할 수 있는 것과 같은 이치다.

'아뇩다라삼먁삼보리'라는 선례를 만든 사람은 현장보다 먼저 반야심경을 번역한 구마라집이다. 현장은 반야심경 이외의 경전에서는 '아뇩다라삼먁삼보리'를 무상정등보리無上正等菩提라고 한역했다. 반야심경에서만 음역어를 사용한 이유는 구마라집의 번역을 존중했기 때문일 것이다.

'아뇩다라삼먁삼보리'의 한역과 그 뜻

범어	한역	뜻
anuttara 阿耨多羅	無上 (무상)	더할 나위 없는
samyak 三藐	正等 (정등)	완전한
sambodhi 三菩提	菩提 (보리)	깨달음

강한 어조로
알아야 한다고 호소하다

故知般若波羅蜜多

<u>읽는 법</u> 고지반야바라밀다

<u>의미</u> 그러므로 알아야 한다. 반야바라밀다의

이 구절은 '그러므로 알아야 한다'는 말로 시작한다. 반야심경 전체에서 이렇게 강한 어조를 사용한 경우는 이 구절이 유일하다. 관자재보살이 사리자에게 드디어 최종 가르침을 전하는 대목으로 접어들기 때문에 이처럼 강한 어조를 사용한 것으로 보인다. 그렇다면 대체 무엇을 알아야 한다고 호소했을까.

❖ 클라이맥스로 접어드는 한 편의 단막극

이어지는 구절부터는 뒤에서도 설명하겠지만 '반야바라밀다는' 이라는 주어 다음에 네 가지 만트라의 이름이 나온다. 한역에서는 네 가지 이름을 모두 나열하고 나서 문장을 한 번 끊기 때문에 ('시무등등주' 부분) 여기만 보면 마치 그 네 가지 이름을 알아야 한다는 것처럼 보일 수 있지만 원전에서는 바로 다음 문장과 이어져 있다. 따라서 다음 장에 나올 구절부터 반야심경의 마지막 부분까지를 알아야 한다는 의미로 추정된다.

앞서 불교 경전은 한 편의 단막극이고 반야심경도 예외는 아니라고 이야기했다. 바로 지금부터가 단막극의 클라이맥스에 해당한다.

지금까지는 보살은 물론이고 삼세의 제불도 반야바라밀다에 의지하여 깨달음에 이른다는 이야기를 펼쳐 왔다. 그렇다면 반야바라밀다의 수행은 구체적으로 어떻게 하면 좋을까? 다음 장에서부터 그 해답이 나온다.

구카이가 쓴 것으로 알려진 사경 글씨본

『우사심경』

구카이空海가 스미데라隅寺로 불리는 일본 나라현의 가이류오지海龍王寺에서 필사했다는 전설이 있으며 예로부터 사경 글씨본으로 사용되었다. 하지만 실제로는 7세기 초중반 나라奈良 문화의 황금기인 덴표天平 시대 때 조정이 액을 쫓고 복을 부를 목적으로 개최한 독송회를 위해 사경생이 필사한 것임이 밝혀졌다.

네 가지 만트라의
이름을 나열하다

是大神呪

읽는 법 시대신주
의미 위대한 만트라

지금부터 네 가지 만트라(진언)의 이름이 등장한다. 첫 번째는 '대신주'다. 주呪라는 글자는 경전 제목에 대한 해설에서도 언급했듯이 만트라를 뜻한다. 대신주에 해당하는 원전의 산스크리트어는 '마하 만트라'로 위대한 만트라라는 뜻이다. 하지만 원어를 그대로 번역하면 대주大呪일 뿐 신神에 해당하는 단어는 찾아볼 수 없다. 아마도 그냥 대주라고만 하면 한어로는 오해할 우려가 있어 신神을 붙인 것이라고 유추한다.

❖ 다른 경전에서는 대심주라고도

신神은 매우 뛰어나다는 의미로 사용되었다. 일반적으로 말하는 신god을 뜻하지는 않는다. 사실 현장과 동시대에 살던 아지구다阿地瞿多가 번역한 『다라니집경陀羅尼集經』에도 반야심경의 마지막에 나오는 것과 똑같은 만트라('아제'로 시작하는 부분)가 실려 있는데 여기에서는 만트라를 '대심주大心呪'라 불렀다.

이를 통해 유추하면 이 만트라는 원어로는 '흐리다야(심心) 만트라'라고 불렸을지도 모른다. 이 때문에 반야심경에서도 만트라는 뜻으로 흐리다야가 사용되었을 것이다.

현장이 왜 대심주가 아닌 대신주로 번역했는지는 알 수 없으나 애초에 만트라의 번역어가 확립되지 않은 시대였기 때문에 여기에서는 위대하다는 의미를 담아 '신'을 사용한 것으로 보인다.

『서유기』 속 삼장법사의 모델이 된 현장

초인적인 번역가

602~664년. 중국 불교의 4대 번역가 중 한 사람. 구마라집과 더불어 2대 역성譯聖이라고도 불린다. 16년에 걸쳐 중국과 인도를 왕복하면서 들여온 다수의 불교 경전과 논서를 번역했다. 현장의 번역을 기존의 구역舊譯과 구분해 신역新譯이라 부른다. 인도에서 공부한 기간이 길었던 현장은 범어의 정확한 번역을 지향했으며 정서적인 번역보다도 논리적인 번역을 선호한 것으로 알려져 있다.

이름이 단계적으로
강조되어 가다

是大明呪

읽는 법 시대명주

의미 위대한 명지의 만트라

    두 번째 이름은 '대명주'다. 원어로는 '마하 비디야 만트라'로 위대한 '명지'의 만트라라는 뜻이다. '명지'는 앞서 말했듯이 '무명'의 반대말로 '지知'가 있는 상태를 뜻한다. 이때 '지'는 세속적·일상적인 것이 아니다. '무명'의 반대말이라는 데에서 알 수 있듯이 수행을 쌓아 번뇌와 망집이 사라진 상태를 가리킨다. '명지'는 4층 건물에 비유하면 3층에 있는 사리자 수준에 해당한다.

❖ '만트라'의 이름은 건물의 계단을 가리킨다

여기에 나오는 만트라의 이름은 그 위대함이 단계적으로 강조된다. 쉽게 말해서 ① 위대한 진언 → ② 위대한 명지의 진언 → ③ 더할 나위 없는 진언 → ④ 비할 데 없는 진언이다.

강도를 올리면서 같은 의미의 단어를 반복적으로 등장시키는 방법을 조금 더 깊이 파고들어서 그 의미를 생각해보면 수행의 사다리를 나타낸다는 해석이 가능하다.

4층 건물을 한 층씩 오르기 위해서는 계단이 필요하다. 그 계단에 해당하는 것 즉, 자신의 수준을 한 단계씩 끌어올리기 위한 수단이 네 가지 만트라의 이름에 반영되었다고 볼 수 있다.

사실 이와 같은 해석을 한 인물이 약 1300년 전에도 있었다. 바로 반야심경 해설서인 《반야심경비건般若心經秘鍵》을 저술한 구카이다. 그 내용은 다음 장에서 다루겠다.

후기 밀교(티베트 불교)의 법구 '마니차'

만트라가 새겨진 마니차
겉에는 만트라가 새겨져 있고 안에는 두루마리에 쓴 경문이 들어가 있다. 마니차를 돌린 횟수만큼 만트라를 읊은 것과 같은 공덕이 있다고 한다.

윗 단계로 올라가는
계단이 되어주는 만트라

是無上呪

읽는 법 시무상주

의미 더할 나위 없는 만트라

세 번째 만트라는 '무상주'다. 산스크리트어로는 '아누타라 만트라'로 더할 나위 없는 진언이라는 뜻이다. 아누타라는 득아뇩다라 삼먁삼보리에서 나왔던 아뇩다라와 동일하다. 이 구절에서는 '아뇩다라'를 무상이라고 한역해 의미를 쉽게 이해할 수 있게 했다.

이어서 나오는 네 번째 만트라는 '무등등주無等等呪'로 비할 데 없는 진언이라는 한층 강력한 찬사가 담겨 있다.

❖ 네 가지 이름을 수행의 사다리라고 생각한 구카이

이 4단계를 구카이는 수행의 사다리로 보았다. 『반야심경비건』에서 구카이는 다음과 같이 해석했다.

'첫 번째 대신주는 듣기만 했을 뿐인 것을 이해하는 자(성문 声聞)의 진언, 두 번째 대명주는 연기를 알고 자력으로 깨닫는 자(연각 緣覺)의 진언, 세 번째 무상주는 지혜와 자비를 실천하는 자(대승)의 진언, 마지막 무등등주는 모든 성불을 설하는 가장 심오한(비장의) 진언이다'.

이에 대해 밀교 입장에서 바라본 독특한 관점이라고 할 수도 있겠지만 반야심경에 담긴 진정한 의미에 다가가기 위한 하나의 중요한 해석이라고 받아들여보자.

이 해석에 따르면 어떤 수행 단계에 있더라도 반야심경의 만트라가 위로 올라가기 위한 계단이 되어줄 수 있다는 이야기가 된다. 이렇게 보면 '반야바라밀다'라는 진언의 가치가 또 다른 시각으로 다가온다. 출가한 수행자뿐 아니라 모든 사람이 성불할 수 있다고 한 대승불교의 정신이 여기에도 드러나 있다.

일본에 처음으로 밀교를 들여온 구카이

774~835년. 사누키노쿠니(지금의 가가와현)에서 태어났다. 15세에 논어, 효경, 사전史傳, 한문학 등을 공부했다. 18세에 관료 양성 기관인 다이가쿠료大学寮에 들어갔으나 공부가 성에 차지 않아 19세에 중퇴하고 산에서 수행했다. 804년 학문승으로 당나라에 입국해 장안으로 향한다. 이듬해 혜과惠果로부터 밀교를 계승했고 806년 귀국해 진언종을 창시했다. 816년 고야산高野山을 하사받았다. 821년 만노이케滿濃池의 제방 개축을 지휘했다. 823년 쿄오고코쿠지教王護國寺(도지東寺라고도 함)를 하사받았다.

부처가 계신 옥상으로
향하는 마지막 계단

是無等等呪

읽는 법 시무등등주

의미 비할 데 없는 만트라는

　마지막은 '무등등주無等等呪'다. 산스크리트어로는 '아사 마사마 만트라'로 비할 데 없는 진언이라는 뜻이다. 네 가지 만트라 이름은 4층 건물의 계단에 해당한다고 설명했는데 바로 그 계단 중 마지막에 해당한다. 이 대목에서 의아하게 생각할 사람이 있을지도 모르겠다. 4층까지 가는 계단은 세 개면 충분하기 때문이다. 그렇다면 네 번째 계단은 어디로 향하고 있을까.

❖ 도달한 곳에도 더 높은 차원이 있다

앞서 사르나트 고고학박물관에 있는 불전 부조를 소개했다. 부처의 탄생, 수행, 첫 설법, 입적의 모습을 4층 건물과 같은 구조로 묘사한 부조였다.

이 부조에는 사실 옥상이 있다. 81쪽의 그림을 보면 옥상에는 명상 중인 부처가 그려져 있다. 이를 통해 알 수 있듯이 <u>옥상은 부처가 계신 곳</u>이다. 하나의 층이 아니라, 건물 전체의 꼭대기자 그 무엇으로도 가로막히지 않은 광활한 하늘 그 자체다.

그곳으로 가는 계단이 바로 '무등등주'다. 4층이 도달점이라고 했지만 거기서 <u>끝이 아니라 더 높은 곳이 있다</u>는 것을 불전 부조와 마찬가지로 반야심경도 보여주고 있다.

여러 번 언급했듯이 아래층을 업신여기거나 부정하지는 않는다. 그저 '사람은 계단을 통해 위로 올라갈 수 있다', '아래층이 없으면 위층은 없다. 아래층을 포함한 모든 것이 나라는 존재다'라는 점을 보여주기 위해 층을 나눠서 설명한 것이다.

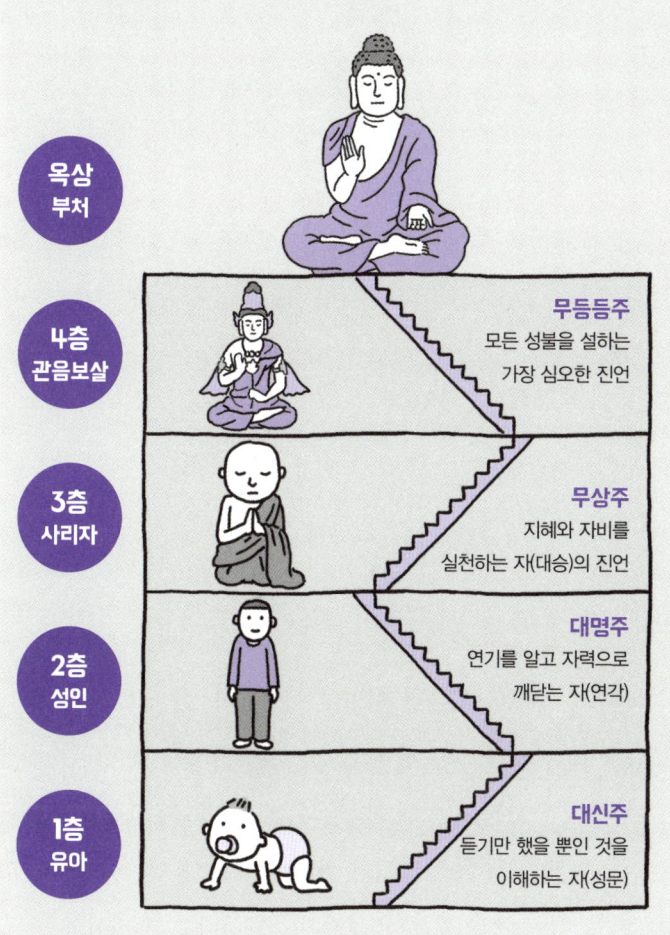

모든 괴로움에서
벗어나다

能除一切苦

<읽는 법> 능제일체고
<의미> 모든 괴로움을 없애는 것이며

    계속해서 만트라에 대한 설명이 이어진다. 한문으로는 能除一切苦, 풀이하면 '모든 괴로움을 없애는 것이며'라는 뜻이다. 반야심경 초반부에 나오는 '도일체고액'은 원전에는 없는 구절로, 여기에 나오는 '능제일체고'를 강조하기 위해 한역할 때 덧붙인 듯하다고 설명했다. 그만큼 한역자는 이 구절이 중요하다고 본 것이다.

❖ 내면의 건물을 오를 때마다 해방된다

조금 앞으로 다시 돌아가 이 구절까지의 전체적인 흐름을 살펴보면 '(지혜라는 완성에 도달한 자는) 모든 괴로움을 없앨 수 있다'라는 내용이다. 반야바라밀다의 만트라에는 그만한 힘이 있다고 설하는 것이다.

괴로움이란 앞서 설명했듯이 내 뜻대로 되지 않는 일을 말한다. 가장 대표적인 것이 십이연기의 마지막에 해당하는 '노사' 즉, 나이 듦과 죽음이다. 인간이라면 누구나 나이 듦과 죽음에서 벗어나지 못한다.

이러한 괴로움을 없앤다는 이 구절은 대체 무슨 의미일까. 만트라를 읊는다고 한들 불로불사할 리가 없다. 하지만 자신을 둘러싸고 방해하는 것들(가애)이 말끔히 사라지는 차원에 도달하면 괴로움에서 해방될 수 있다고 이 구절은 강조한다.

내면의 건물을 한 층씩 오를 때마다 시야가 트이고 가애가 사라지면서 괴로움에서 벗어날 수 있다. 그곳으로 향하는 계단이 반야바라밀다의 만트라라고 다시 한번 설명하는 구절이다.

모든 것은 내 뜻대로 되지 않는다는 것을 알라

삼고

몸과 마음을 힘들게 하는 세 가지 괴로움

고고苦苦
추위와 더위, 기아, 질병 등 그 자체가 괴로움인 것

괴고壞苦
즐거운 일이 파괴되어 괴로움으로 바뀜

행고行苦
모든 것이 변해가는 무상함에서 오는 괴로움

일체개고
모든 것은 괴로움이다

이 세상 모든 일은 내가 바라는 대로 되지 않는다. 그런데도 어떻게든 내 뜻대로 해야겠다고 생각하기 때문에 괴로움이 생겨난다. 세상 만물은 끊임없이 변화하는 제행무상이므로 무엇 하나 내 뜻대로 될 수 없다는 사실을 받아들일 때 비로소 괴로움에서 벗어날 수 있다.

반야심경

모순이 없으며
거짓됨이 없다

眞實不虛故

읽는 법) 진실불허고

의미) (이것은) 진실이고 거짓이 아니므로

이 구절은 전통적으로는 '진실하여 허망함이 없다'라는 뜻으로 여겨져 왔다. 대부분의 해설서에서는 진실과 불허를 두고 같은 말을 반복해서 강조하고 있다는 식으로 설명한다.

한역을 봐도 이 두 가지는 표현만 다를 뿐 사실상 같은 말을 하고 있는 듯 보인다. 하지만 불허가 진실의 이유가 된다고 보기는 어렵기 때문에 바로 뒤에 따라오는 '고故'는 다음 구절에 걸리는 것으로 봤다. 그래서 '따라서 반야바라밀다의 진언을 설한다'라고 풀이한 해설서들이 많다.

그러나 원전을 살펴보면 '거짓이 없으므로 진실이다'라는 내용으로 문장이 구성되어 있다. '따라서'는 다음 구절이 아니라 '불허'에 연결된다고 보는 것이 더 적합하다.

❖ 확실하며 신뢰할 수 있고 효력이 있다

이 구절에서 말하는 진실에 해당하는 산스크리트어는 '사트야'다. 현대어의 '사실'과는 다른 의미로, 여기서는 '확실하며 신뢰할 수 있는, 효력이 있는 것'을 뜻한다. 이 말은 반야바라밀다의 만트라를 가리킨다.

참고로 고집멸도를 설명할 때(109쪽) 사용된 '제諦'는 '밝혀낸 확실한 것'을 의미하는데, 이 역시 산스크리트어로 '사트야'다. 또한 '불허'는 산스크리트어로 '아미티야'인데 이는 '모순되지 않음', '거짓이 아님'을 의미한다. 따라서 이 구절은 "반야바라밀다의 만트라는 모든 괴로움을 없애는 확실하고 신뢰할 수 있는 효력이 있다. 왜냐하면 모순이 없고 거짓이 없기 때문이다"라는 뜻이 된다.

모든 괴로움을 물리치는 반야심경

현장도 반야심경의 진언 덕분에 목숨을 구한 적이 있다. 그가 인도로 출국하기 전 촉나라 땅에서 길에 쓰러진 병자를 도와준 일이 있었는데, 병자는 그 보답으로 반야심경의 진언을 가르쳐주었다. 인도 순례 여행 중 길을 막고 서 있던 악귀와 괴물 앞에서 그 진언을 읊자 악귀와 괴물은 비명을 지르며 도망갔다고 한다.

고대하던
강력한 만트라

說般若波羅蜜多呪

읽는 법 설반야바라밀다주
의미 반야바라밀다의 수행 시에 읊는 만트라는

설반야바라밀다주는 '반야바라밀다의 수행 시에 읊는 만트라는'이라는 의미로, 다음 장부터는 만트라가 제시된다.

이 시점에서 만트라와 관련하여 지금까지 언급하지 않았던 점을 하나 소개하고자 한다. 애초에 인도인에게 만트라가 무엇을 의미하는지 알아두면 반야심경을 더욱 깊이 이해하는 데 도움이 된다.

❖ 이것이 불교의 만트라라는 선언

인도인들이 어떤 것을 만트라와 같다고 표현한다면 이는 최고의 칭찬이다. 또한 특별한 설명 없이 만트라에 대해 말한다면 보통은 브라만교의 성전인 베다의 구절을 가리킨다.

인도인들에게 베다는 신들이 내려준 말이자 신들에게 바치는 말이며, 신들을 움직이게 하는 힘이 있는 말이다. 브라만교의 사제들이 베다를 외우면 신들이 움직이고 세계는 질서를 유지할 수 있다고 믿어 왔다. 하지만 불교는 베다의 권위를 인정하지 않았다. 특히 베다에 근거한 카스트 제도를 인정하지 않고, 사성四姓 평등을 주장했다.

이러한 배경 때문에 불교 초기에는 기도의 말은 있었지만 이를 만트라라고 부르지 않았다. 하지만 당시의 인도 불교도들은 베다를 대체할 강력한 만트라를 찾고 있었다.

이때 등장한 것이 불교의 이상적 의의를 담은 반야바라밀다였고, 이를 불교의 만트라라고 선언한 최초의 경전이 바로 반야심경이었던 것이다.

카스트 제도를 인정하지 않았던 부처

부처는 카스트 제도를 통한 차별을 부정하고 만인 평등을 주창함.

브라만교의 사제 브라만을 정점으로 하여 그 아래로 왕족 및 무사, 제조업에 종사하는 서민, 노동자 등의 총 4단계 신분 계급이 존재.

인도에는 부처가 태어나기 전부터 자연신을 숭배하는 브라만교가 자리 잡고 있었다. 브라만교는 카스트 제도라는 신분 제도의 정점에 있는 사제(브라만)만이 신에게 기도를 올릴 자격이 있다고 여겼다. 하지만 부처는 이를 인정하지 않고 모두가 평등하다는 사성 평등을 관철했다.

드디어 제시되는 만트라

即說呪曰

읽는 법 즉설주왈

의미 즉 (만트라는) 다음과 같다

'즉설주왈'은 '즉 다음과 같다'는 의미다. 다만 다음 구절부터는 만트라가 이어진다. 불교의 만트라는 베다의 만트라처럼 신들에게 기대어 일상적인 소원을 이루고자 하는 주문은 아니었다. 자아를 탐구하는 고도의 수행 체계 속에서 활용되는 도구이자 지혜와 자비를 실천하는 보살의 의지처였다. 이처럼 기존의 만트라와는 성질이 다른 불교의 만트라가 널리 보급되기 시작했다.

❖ 사고의 도구가 되기도 하는 기도의 말

만트라는 원래 '생각하다'를 의미하는 '만(㎜)'에 수단을 의미하는 '트라(㎛)'가 더해진 '사고의 도구'라는 뜻이다. 사고의 도구는 곧 말을 의미한다. 사람은 말 없이는 생각할 수 없으며, 그중에서도 기도의 말이 바로 만트라다.

이는 일종의 주문이라고도 할 수 있다. 현대인이 '주문'이라는 단어를 들으면 어딘가 수상한 느낌을 받을 수도 있지만 전혀 그렇지 않다. 이는 하늘의 계시를 통해 주어지며 신의 뜻을 묻는 신성한 수단이다.

일본에도 오래전부터 고토다마 言靈라 하여 말에 깃든 힘을 믿는 신앙이 있었으며, 지금도 전해 내려오고 있다. 예를 들어 입시생이 있는 가정에서는 '떨어지다'라는 단어를 금기시하고, 결혼식장에서 '끊어지다', '헤어지다'와 같은 말을 삼가는 것도 말의 힘을 믿기 때문이다.

이러한 말의 힘은 내면의 자아를 더 높은 차원으로 인도하는 역할을 하며, 그것이 바로 반야바라밀다의 만트라가 지닌 힘이다.

반야심경의 진언(만트라) 부분의 범자

범어

ga te　ga te　pā ra ga te

pā ra saṃ ga te　bo dhi svā hā

한어

揭諦　揭諦　波羅揭諦
아 제　　아 제　　바 라 아 제

波羅僧揭諦　菩提娑婆賀
바 라 승 아 제　　모 지 사 바 하

현장은 '아제' 이하의 진언 부분을 범어의 소리에 맞춰 한자를 대입해 표기했을 뿐 따로 번역하지 않았다. 이는 143쪽에서 설명한 오종불번에 따른 것이다. 구카이는 '아제' 이하의 부분과 관련하여, 진언은 무량무변의 진실을 내포하고 있으므로 말로는 아무리 설명해도 다 담을 수 없다고 했다.

2장 | 반야심경의 가르침

가테의 의미는 가다인가

揭諦揭諦

읽는 법 아제아제
의미 가테 가테

지금부터 반야바라밀다의 만트라가 제시된다. 여기서부터는 음역으로 번역된 만트라가 나열되어 있다. 첫 구절인 '아제아제'는 '가테, 가테'라는 산스크리트어를 음역한 것이다. 만트라는 소리 내어 읊을 때 그 힘이 발휘되므로 대부분의 한역서에서 만트라 부분은 음역만 하고 번역하지 않았다.

❖ 구카이는 수행의 성과를 보여준다고 해석

만트라는 단순한 전달을 위한 언어가 아니라, 그것을 읊는 수행자의 체험에 깊이 관여하는 기도의 말이다. 따라서 엄밀한 해석은 불가능하며 또한 반드시 필요하지도 않다. 그렇지만 기본적인 뜻을 알아두면 반야심경의 힘을 느끼는 데 도움이 될 수 있다.

이제부터는 여러 해설서와 학자들이 내놓은 반야심경의 만트라 해석을 살펴보자. '아제(가테)'는 원어로 '가다'라는 뜻이기 때문에 많은 학자가 이를 '간 사람이여', '도달했다' 등으로 해석한다.

한편 구카이는 『반야심경비건』에서 첫 번째 '아제'는 성문의 수행 성과, 두 번째 '아제'는 연각의 수행 성과라고 해석했다(성문과 연각에 대해서는 155쪽 참조).

불교학자들의 만트라 번역 예시

揭諦揭諦 波羅揭諦 波羅僧揭諦 菩提娑婆賀
아제아제 바라아제 바라승아제 모지사바하

나카무라 하지메 역

간 자여, 간 자여, 피안으로 간 자여, 피안으로 완전히 간 자여. 깨달음이여, 행복이 있으라.
『반야심경·금강반야경』

히라이 슌에이 역

간 자여, 간 자여, 피안으로 간 자여, 모든 피안으로 간 자여, 행복이 있으라.
『반야경』

다카가미 가쿠쇼 역

스스로 깨닫고 타인을 깨닫게 하여 깨달음의 수행이 완성되었다.
『반야심경 강의』

미야사카 유코우 역

어머니여, 어머니여, 반야바라밀다의 어머니여, 부디 깨달음을 가져다주시옵소서.
『진언 반야심경』

반복되는 '아제'가 의미하는 것

波羅揭諦 波羅僧揭諦

읽는 법 바라아제 바라승아제
의미   파라가테 파라상가테

'바라(파라)'는 피안(강의 건너편)을 뜻한다. 그래서 아제를 '가다'라고 보는 해석과 결합하여 '피안으로 갔을 때', '피안으로 간 자여', '피안에 도달한' 등으로 해석하는 경우가 많다.

'승(상)'은 '완전히'라는 뜻이므로 이 구절을 전체적으로 해석하면 '피안으로 완전히 갔을 때', '피안으로 완전히 간 자여'라는 의미가 된다. 이러한 해석을 통해 만트라가 진정으로 의미하는 바에 가까이 다가갈 수 있을까?

❖ 수행의 사다리와 통하는 만트라

'아제'를 글자 그대로 '가다'라고 해석하면 앞서 언급한 것처럼 풀이될 것이다. 하지만 글자 자체의 뜻에만 집중하면 오히려 전체적인 내용이 모호해진다. 뉘앙스로 보면 '가다'보다는 '이해하다'가 더 적절할 것이다. 이 경우 지혜의 완성을 의미하는 반야바라밀다와도 자연스럽게 연결된다.

이해를 뜻하는 아제가 네 번, 점차 강조되며 반복적으로 등장하는 것은 우리 내면의 계단을 오르며 이해의 차원을 높여 나가는 과정으로 해석할 수 있다.

『반야심경비건』에 실린 구카이의 해석도 이와 같은 맥락에서 설명하고 있다. 처음 나오는 두 번의 '아제'를 각각 성문과 연각의 수행 성과로, '바라아제'는 대승의 수행 성과로, '바라승아제'는 만트라의 가르침을 통한 수행의 성과로 풀이한다. 구카이는 이렇게 만트라의 이름뿐 아니라 그 내용도 수행의 사다리와 연결된다고 본 것이다.

구카이가 생각한 만트라의 공덕

아제 - 시대신주

성문의 공덕

부처의 진실된 음성을 통해 열리는 깨달음의 경지.

아제 - 시대명주

연각의 공덕

세상의 실상인 연기를 깨달을 수 있는 경지.

바라아제 - 시무상주

보살의 공덕

성문과 연각의 수행을 통해 도달하는 보살의 경지.

바라승아제 - 시무등등주

진언의 공덕

보살이 조화와 질서를 유지하며 이 세상에 불국토를 세우는 경지.

반야바라밀다의
어머니를 부르는 소리

菩提娑婆賀

읽는 법 모지사바하
의미 보디 스바하

'보리(보디)'는 앞서 '보리살타'를 설명할 때도 나왔던 것처럼 깨달음을 의미한다. 구카이는 반야심경의 만트라가 수행의 사다리를 가리킨다는 해석에 입각해, 마지막 만트라인 '모지사바하'는 '궁극적인 깨달음에 드는 일'을 의미한다고 보았다.

구카이의 해석과 마찬가지로 이 만트라는 수행의 사다리를 나타낸다는 것이 이 책의 결론이다. 우리 내면에 있는 건물의 계단을 차례로 오르며 점차 시야가 트여가는 과정을 통해 수행의 성과를 스스로 확인하고 부처의 경지에 가까워질 수 있는 길을 설명하며 이를 찬양하는 만트라라는 뜻이다.

❖ 수백 년의 세월을 거쳐 되살아난 불모

원어에서는 만트라의 각 부분이 모두 여성명사로 된 호칭어다. 한편 마지막의 '사바하(스바하)'는 불교뿐 아니라 인도에서 의례에서 사용되는 글귀로 '성취 있으라'를 의미한다.

1장에서 반야바라밀다는 만트라인 동시에 그 자체가 신격화되어 제불을 낳는 불모로 숭상되어 왔다고 했다. 이를 토대로 지금까지 살펴본 내용을 돌아보면 만트라의 의미는 대략 다음과 같다.

'어머니여, 어머니여, 반야바라밀다의 어머니여, 부디 깨달음을 가져다주시옵소서'.

부처를 낳은 지 7일 만에 세상을 떠난 생모 마야부인이 수백 년의 세월을 거쳐 대승불교의 원동력이 되는 존재로 되살아나 중생의 마음을 깨우고 있다고 생각할 수도 있겠다.

부처의 생모 마야부인

팔리어 또는 산스크리트어로는 Māyā. 생몰년 미상. 콜리야족 출신으로 알려져 있다. 샤카족의 왕 슈도다나(정반왕)와 결혼했고 부처를 낳은 지 7일 만에 세상을 떠났다. 바이샤카 달(힌두력상의 두 번째 달로, 태양력으로는 4월 또는 5월에 해당)에 상아가 여섯 개 달린 흰 코끼리가 배 안으로 들어오는 꿈을 꾸고 부처를 잉태했다고 전해진다. 당시의 관습에 따라 출산을 위해 고향으로 가던 길에 룸비니 동산에 들러 꽃*을 꺾으려 손을 뻗자, 오른쪽 옆구리에서 부처가 태어났다고 한다.

- 북방불교에서는 무우수無憂樹, 남방불교에서는 사라쌍수沙羅双樹.

부처가 꾸며낸
장대한 사상극

般若心経

(읽는 법) 반야심경
(의미) 이상으로 반야바라밀다의 만트라를 소개하며 마친다

　서두에서 설명한 바와 같이 인도의 옛 서적은 앞머리에 제목을 달지 않고 마지막에 '이상으로 ~ 마침'이라는 문구를 덧붙인다. 이 구절의 '반야심경'이 이에 해당한다.

　소본 반야심경은 관자재보살이 사리자에게 수행의 내용을 설법하는 부분에서 끝나지만 대본 반야심경에서는 관자재보살이 이야기를 끝낸 후에도 다음 장면이 이어진다.

❖ 내면의 지혜에 눈을 떠라!

대본에 따르면 관자재보살의 설법이 끝난 후 부처가 명상에서 깨어나 "훌륭하도다, 참으로 훌륭하구나. 그 말 그대로이니라"라고 관자재보살을 칭찬한다. 이를 들은 청중들은 크게 기뻐하고, 이 장면으로 대본 반야심경이 끝을 맺는다.

이 이야기는 모든 것을 내려다볼 수 있는 옥상에 계신 부처가 연출한 장대한 사상극이었다. 이 이야기는 모든 사람의 내면과 연결되어 있다. 수행 단계가 상징하는 각 층은 이미 우리의 내면에 존재하기 때문이다. 하지만 우리는 보통 세속을 상징하는 2층에 머무르고 있다. 어쩌면 유아 수준인 1층에 머물러 있을지도 모른다.

자신의 내면에는 시야가 확 트인 위층이 있음에도 이를 깨닫지 못한 채 누구나 번민하고 괴로워한다. 하지만 내면의 계단을 한 걸음씩 올라가다 보면 머지않아 온갖 고뇌로부터 해방될 수 있음을 반야심경은 일깨워준다. 그 지혜는 먼 곳에 있지 않고 우리의 내면에 있다. 반야심경은 그 내면의 지혜에 눈을 뜨라고 촉구하는 경전이다.

구카이의 십왕심론 +住心論

구카이는 마음의 발달 단계를 10단계로 나누고, 여러 종파의 가르침과 대조하여 밀교를 가장 뛰어난 가르침으로 삼았다.

높음 ↑	제10 비밀장엄심 秘密莊嚴心	진리로부터 무한한 보물을 발견할 수 있는 단계(진언종)
	제9 극무자성심 極無自性心	세상의 무한성을 이해하나 실천하지 못한 단계(화엄종)
	제8 일도무위심 一道無爲心	세상을 바르게 인식하는 단계(천태종)
	제7 각심불생심 覺心不生心	공空을 이해하나 부정적 견해에 머무는 단계(삼론종)
종교심	제6 타연대승심 他緣大乘心	이타행利他行을 실천하는 단계. 이후 대승(법상종)
	제5 발업인종심 拔業因種心	연기를 이해할 수 있는 단계(독학을 통한 깨달음)
	제4 유온무아심 唯蘊無我心	무아의 가르침을 이해할 수 있는 단계(소승불교)
	제3 영동무외심 嬰童無畏心	종교심이 싹트는 단계(불교 이외의 종교)
	제2 우동지재심 愚童持齋心	윤리의식이 싹트는 단계(일반적인 인간)
낮음	제1 이생저양심 異生羝羊心	양처럼 성욕과 식욕만 있는 단계

부록

독송과 예절

반야심경 독송하기

佛說摩訶般若波羅蜜多心經　觀自在菩薩　行深般若波羅蜜多時
불설마하반야바라밀다심경　관자재보살　행심반야바라밀다시

照見五蘊皆空　度一切苦厄　舍利子　色不異空　空不異色
조견오온개공　도일체고액　사리자　색불이공　공불이색

色卽是空　空卽是色　受想行識　亦復如是　舍利子　是諸法空相
색즉시공　공즉시색　수상행식　역부여시　사리자　시제법공상

不生不滅　不垢不淨　不增不減　是故　空中無色　無受想行識
불생불멸　불구부정　부증불감　시고　공중무색　무수상행식

無眼耳鼻舌身意　無色聲香味觸法　無眼界　乃至無意識界
무안이비설신의　무색성향미촉법　무안계　내지무의식계

無無明　亦無無明盡　乃至　無老死　亦無老死盡　無苦集滅道
무무명　역무무명진　내지　무노사　역무노사진　무고집멸도

無智亦無得　以無所得故　菩提薩埵　依般若波羅蜜多故
무지역무득　이무소득고　보리살타　의반야바라밀다고

心無罣礙　無罣礙故　無有恐怖　遠離一切顚倒夢想　究竟涅槃
심무가애　무가애고　무유공포　원리일체전도몽상　구경열반

三世諸佛　依般若波羅蜜多故　得阿耨多羅三藐三菩提
삼세제불　의반야바라밀다고　득아뇩다라삼먁삼보리

故知般若波羅蜜多 是大神呪 是大明呪 是無上呪 是無等等呪
고 지 반 야 바 라 밀 다　시 대 신 주　시 대 명 주　시 무 상 주　시 무 등 등 주

能除一切苦 眞實不虛故 說般若波羅蜜多呪 卽說呪曰 揭諦揭諦
능 제 일 체 고　진 실 불 허 고　설 반 야 바 라 밀 다 주　즉 설 주 왈　아 제 아 제

波羅揭諦 波羅僧揭諦 菩提娑婆賀 般若心経
바 라 아 제　바 라 승 아 제　모 지 사 바 하　반 야 심 경

※ 독송 시의 예절과 마음가짐은 188~190쪽을 참조
※ 진언종 지산파의 표기를 따랐으며, 속자는 정자로 바꾸어 표기했습니다.

몸을 정화하고 마음을 고요하게

반야심경 독송 시의 예절과 마음가짐

　262자로 이루어진 짧은 경전인 반야심경은 암송에 적합하여, 예로부터 서민들도 열심히 독송해 왔다. 경 읽기가 낯선 사람이라도 쉽게 리듬을 탈 수 있는 경전이다. 186~187쪽에는 독송하기 쉽게 한자 읽는 법을 실어두었으니, 반야심경 전문을 참고하며 독송에 도전해보면 좋겠다.

　다만, 아무리 친근하더라도 성스러운 경전이므로 몇 가지 예절과 수칙을 지켜야 한다. 하지만 어렵게 생각할 필요는 없다. 최소한으로 지켜야 할 수칙과 실천해야 할 예절을 알려주겠다.

　첫째로, 경전을 공경하는 마음을 가져야 한다. 1장에서 언급한 것처럼 반야심경에는 600권의 경전의 정수가 담겨 있으며, 많은 사람들의 손을 거쳐 우리에게 전해져 내려왔다. 이에 대해 감사하고 존경하는 마음을 품는 것이 중요하다.

집에서 독송하기에 가장 적합한 장소는 불단 앞이다. 불단이 없으면 정갈하고 마음이 차분해지는 장소를 선택해도 좋다. 좋아하는 불상 사진을 앞에 두고 꽃이나 나무 등을 공양하는 것도 좋다.
다음은 독송 순서다.

① **몸을 깨끗이 하기**

손을 씻고 입을 헹군다.

② **불단 앞에 앉기**

불단이 없으면 정갈하고 마음이 차분해지는 장소에서 염주를 손에 들고 앉는다.

③ **삼배 올리기**

합장하고 삼배를 올린다.

④ **경전을 들기**

양손으로 경전을 잡고 머리 위로 들어올린 다음 읽을 부분을 펼친다. 경전이 없으면 이 책의 186~187쪽을 펼치거나 복사하여 사용해도 좋다.

⑤ **종을 울리기**

종을 울리는 방법은 각 종파에 따르기로 한다.

⑥ **경전 독송하기**

양손으로 경전을 들고 눈높이로 가져와 독송한다. 독송 방법도 기본적으로 각 종파의 방식에 따르되, 적절히 생략해도 무방하다.

⑦ 종을 다시 울리기

독송 후 다시 종을 울린다.

⑧ 삼배를 올리기

다시 삼배를 올린다.

⑨ 불단을 닫고 마무리하기

불단을 닫으며 독송을 마친다.

익숙해질 때까지는 오독에 크게 신경 쓰지 말고, 주변에 피해를 주지 않는 선에서 가능한 한 큰 소리로 읽는 것이 좋다. 경을 읽다 보면 그 흐름과 리듬이 자연스럽게 편안해질 것이다. 반복해서 독송하다 보면 내면의 변화를 느낄 수 있을 것이다.

감수자의 독송 청취하기

감수자 미야사카 유코우의 독송을 들을 수 있다.
일본식 발음으로 된 영상이지만, 반야심경을 독송할 때의 목소리 톤과 리듬을 익히고 반야심경의 분위기와 깊은 정취 등을 익히는 데 참고해보자.

반야심경

1판 1쇄 발행 2024년 12월 27일
1판 3쇄 발행 2025년 9월 19일

감수 미야사카 유코우
옮긴이 정보현

발행인 양원석 **편집장** 권오준 **책임편집** 김희현
디자인 강소정, 김미선 **영업마케팅** 조아라, 박소정, 김유진, 원하경
해외저작권 임이안, 안효주

펴낸 곳 ㈜알에이치코리아
주소 서울시 금천구 가산디지털2로 53, 20층 (가산동, 한라시그마밸리)
편집문의 02-6443-8846   **도서문의** 02-6443-8800
홈페이지 http://rhk.co.kr
등록 2004년 1월 15일 제2-3726호

ISBN 978-89-255-7422-6 (03220)

※ 이 책은 ㈜알에이치코리아가 저작권자와의 계약에 따라 발행한 것이므로
   본사의 서면 허락 없이는 어떠한 형태나 수단으로도 이 책의 내용을 이용하지 못합니다.
※ 잘못된 책은 구입하신 서점에서 바꾸어 드립니다.
※ 책값은 뒤표지에 있습니다.